2024年度版

サステナビリティ検定

SDGs・ESG ベーシック

試験問題集

JN042281

一般社団法人 金融財政事情研究会

◇ はじめに ◇

　本書は、サステナビリティ検定「SDGs・ESG ベーシック」を受験される方の学習の利便を図るためにまとめた試験問題集です。

　「SDGs（Sustainable Development Goals：持続可能な開発目標）」とは、2015年9月の国連サミットで加盟国の全会一致で採択された「持続可能な開発のための2030アジェンダ」に記載された、2030年までに持続可能でよりよい世界を目指す国際目標です。17のゴール・169のターゲットから構成され、地球上の「誰一人取り残さない（leave no one behind）」ことを誓っています。SDGs は発展途上国のみならず、先進国自身が取り組むユニバーサル（普遍的）なものです。

　また、ESG 金融・投資は、従来の財務情報等だけでなく、環境（Environment）・社会（Social）・ガバナンス（Governance）要素も考慮した金融・投資のことです。特に、年金基金など大きな資産を超長期で運用する機関投資家を中心に、企業経営のサステナビリティを評価するという概念が普及し、気候変動などを念頭に置いた長期的なリスクマネジメントや、企業の新たな収益創出の機会を評価するベンチマークとして、SDGs と合わせて注目されています。

　SDGs 採択から数年が経ち、ESG 金融・投資の拡大などを受けて、企業経営に SDGs が浸透しています。また、学習指導要領に持続可能な開発のための教育（ESD）の理念が盛り込まれたり、再生エネルギー導入が着実に進展したりするなど、日本国内で SDGs の考え方が徐々に浸透しています。

　一方で、SDGs という言葉は認知しているものの、具体的な事柄まで理解している人は多いとは言えず、また、自らに関係のあることとして取り組むことへの意識の定着についても、いまだ道半ばといったところです。

　本書を学習することで、SDGs および ESG についての基本的知識を

身につけるとともに、より深い理解につなげることができます。なお、より学習効果を上げるために、基本教材である通信講座「ESG 金融実践のための SDGs 入門講座」（一般社団法人金融財政事情研究会）に取り組まれることもお勧めします。

　本書を有効に活用して、サステナビリティ検定「SDGs・ESG ベーシック」試験に合格され、金融機関行職員および企業の従業員の皆さまが、自社および取引先の SDGs、ESG に関わる課題に取り組まれることを期待しています。

2024年6月

一般社団法人金融財政事情研究会

検定センター

◇◇目　次◇◇

第 3 章　SDGs 経営の実践

第 4 章　ESG 金融・投資の理解・実践 I

第5章　ESG 金融・投資の理解・実践Ⅱ

───〈法令基準日〉───
本書は、問題文に特に指示のない限り、2024年7月1日（基準日）現在施行の法令等に基づいて編集しています。

◇**CBT とは**◇

　CBT（Computer-Based Testing）とは、コンピュータを使用して実施する試験の総称で、パソコンに表示された試験問題にマウスやキーボードを使って解答します。サステナビリティ検定は、一般社団法人金融財政事情研究会が、株式会社シー・ビー・ティ・ソリューションズの試験システムを利用して実施する試験です。CBT は、受験日時・テストセンター（受験会場）を受験者自らが指定できるとともに、試験終了後、その場で試験結果（合否）を知ることができるなどの特長があります。

本書に訂正等がある場合には、下記ウェブサイトに掲載いたします。
https://www.kinzai.jp/seigo/

※本書では、一部、外国語の出典を当会にて和訳・要約して問題および解説を作成しています。

サステナビリティ検定 「SDGs・ESGベーシック」試験概要

　2030年を達成期限とするSDGs（持続可能な開発目標）への取組みが企業・団体・投資家において加速度的に増えており、金融の現場においてもSDGsは重要なテーマとなっています。本試験は、金融機関行職員に求められるSDGsおよびESG金融・投資等の基本的な内容を説明できる対応力・理解度を検証します。

■受験日・受験予約　　通年実施。受験者ご自身が予約した日時・テストセンター（https://cbt-s.com/examinee/testcenter/）で受験していただきます。
　　　　　　　　　　　受験予約は受験希望日の3日前まで可能ですが、テストセンターにより予約可能な状況は異なります。

■試験の対象者　　　　金融機関の全行職員、一般企業のSDGs担当者等
　　　　　　　　　　　※受験資格は特にありません

■試験の範囲　　　　　1．SDGsとは　　　2．SDGsの関連知識
　　　　　　　　　　　3．SDGs経営の実践
　　　　　　　　　　　4．ESG金融・投資の理解・実践

■試験時間　　　　　　60分　試験開始前に操作方法等の案内があります。

■出題形式　　　　　　三答択一式40問

■合格基準　　　　　　100点満点で70点以上

■受験手数料（税込）　4,400円

■法令基準日　　　　　問題文に特に指示のない限り、2024年7月1日現在施行の法令等に基づくものとします。

■合格発表　　　　　　試験終了後、その場で合否に係るスコアレポートが手交されます。合格者は、試験日の翌日以降、「SDGs・ESGファシリテーター」の認定証をマイページからPDF形式で出力できます。

■持込み品　　　　　　携帯電話、筆記用具、計算機、参考書、六法等を含め、自席（パソコンブース）への私物の持込みは認められていません。テストセンターに設置されている鍵付きのロッカー等に保管していただきます。メモ用紙・筆記用具はテストセンターで貸し出されます。

■受験教材	・本書
	・通信教育講座「ESG 金融実践のための　SDGs 入門講座」（一般社団法人金融財政事情研究会）
■受験申込の変更・キャンセル	受験申込の変更・キャンセルは、受験日の 3 日前までマイページより行うことができます。受験日の 2 日前からは、受験申込の変更・キャンセルはいっさいできません。
■受験可能期間	受験可能期間は、受験申込日の 3 日後から当初受験申込日の 1 年後までとなります。受験可能期間中に受験（またはキャンセル）しないと、欠席となります。

※金融業務能力検定・サステナビリティ検定の最新情報は、一般社団法人金融財政事情研究会の Web サイト（https://www.kinzai.or.jp/kentei/news-kentei）でご確認ください。

第1章

SDGs とは

1－1　SDGs の概要・SDGs とは①

《問》SDGs・MDGs に関する次の記述のうち、最も不適切なものはどれか。

1）MDGs とは、2000年9月にニューヨークで開催された国連ミレニアム・サミットで採択された国連ミレニアム宣言を基にまとめられた国際目標で、極度の貧困と飢餓の撲滅など、2015年までに達成すべき8の目標（ゴール）と21の達成基準（ターゲット）から構成されていた。

2）SDGs は、17の目標（ゴール）と169の達成基準（ターゲット）から構成され、発展途上国のみならず、先進国自身が取り組む普遍的なものであり、日本も積極的に取り組んでいる。

3）MDGs は、国連全加盟国で策定され、先進国を含めたすべての国々を対象とした包括的な目標であるのに対し、SDGs は、国連の専門家主導で策定され、主に発展途上国を対象とした目標である。

・解説と解答・

1）適切である。2000年9月、国連ミレニアム・サミットに参加した147の国家元首を含む189の国連加盟国代表は、21世紀の国際社会の目標として、より安全で豊かな世界づくりへの協力を約束する「国連ミレニアム宣言」を採択した。この宣言と、1990年代に開催された主要な国際会議やサミットでの開発目標をまとめたものを「ミレニアム開発目標（MDGs）」という。

MDGs は、2015年までに達成すべき8つの目標（ゴール）と21の達成基準（ターゲット）を掲げ、日本も目標達成のためにさまざまな取組みを行ってきた。MDGs は、達成期限となる2015年までに一定の成果を上げ、その内容は後継となる「持続可能な開発のための2030アジェンダ」、すなわち SDGs に引き継がれている。

なお、MDGs の8の目標（ゴール）は次ページのとおりである。

2）適切である。SDGs とは、2015年の国連サミットで採択された「持続可能な開発のための2030アジェンダ」で掲げられた、持続可能でよりよい世界を2030年までに目指す国際目標で、17の目標（ゴール）と169の達成基準（ターゲット）から構成されている（《巻末資料1》参照）。

　　MDGs を引き継ぐ形で採択されたが、SDGs と MDGs は、いくつかの
　点で異なっている。MDGs は、途上国の開発問題を中心とし、先進国は
　それを援助するという位置付けであるのに対し、SDGs は、発展途上国の
　開発の側面だけでなく経済・社会・環境のすべてに対応し、先進国も共通
　の課題として取り組むという位置付けになっている。
３）不適切である。MDGs は、国連の専門家主導で策定され、発展途上国の
　　開発問題を中心とし、先進国はそれを援助するという位置付けであるのに
　　対し、SDGs は、国連加盟国193カ国による 8 回に及ぶ政府間交渉で策定
　　され、発展途上国の開発の側面だけでなく経済・社会・環境のすべてに対
　　応し、先進国も共通の課題として取り組むという位置付けになっている。

<u>正解　3 ）</u>

《MDGs の 8 の目標（ゴール）》

　目標 1 　極度の貧困と飢餓の撲滅
　目標 2 　初等教育の完全普及の達成
　目標 3 　ジェンダー平等推進と女性の地位向上
　目標 4 　乳幼児死亡率の削減
　目標 5 　妊産婦の健康の改善
　目標 6 　HIV ／エイズ、マラリア、その他の疾病の蔓延の防止
　目標 7 　環境の持続可能性確保
　目標 8 　開発のためのグローバルなパートナーシップの推進

1-2 SDGsの概要・SDGsとは②

《問》SDGsに関する次の記述のうち、最も適切なものはどれか。
1）SDGsは、2015年の国連サミットで採択された国際目標であり、国連加盟国は、法的な拘束力をもってSDGsに取り組まなければならない。
2）SDGsでは、経済活動を通じて価値を生み出すこと（経済成長）、社会的弱者を含め1人ひとりの人権を尊重すること（社会的包摂）、環境を守っていくこと（環境保護）、という3要素の調和が求められている。
3）SDGsは、意欲目標としてのゴールや行動目標としてのターゲットに対して、達成度を測るための指標を定めていない点に特徴があり、指標を定めていないことで、短期的な視野ではなく中長期的な視野に立つことができる。

解説と解答

1）不適切である。SDGsに法的拘束力はない。しかし、各国は、17の目標（ゴール）の達成に当事者意識を持って取り組むとともに、各国内での枠組みを確立することが期待されている。各国は、SDGs達成に向けた進捗状況やフォローアップなどの検証を行う責任がある。
2）適切である。
3）不適切である。SDGsは、ゴールやターゲットなどの目標に対して、インディケーター（達成度を測るための数値指標）を定めて達成度を測り、進捗管理を徹底している点に特徴がある。

SDGsは、2017年の国連総会において、17のゴール・169のターゲット（《巻末資料1》参照）の下に232（現在は231）のインディケーターが定められた（「持続可能な開発のための2030アジェンダ」）。

この3層構造の提示により、取組みの実行手段としてやや抽象的であったSDGsの枠組みがより具体的になるとされる。

正解　2）

1−3　SDGs アクションプラン

《問》政府の SDGs 推進本部が策定した「SDGs アクションプラン
2023」（令和5年3月）における SDGs 等に関する次の記述のうち、最も不適切なものはどれか。

1）「SDGs アクションプラン2023」では、日本の SDGs 達成度に関し、特にジェンダーや気候変動、海洋資源、陸上資源および実施手段について、引き続き大きな課題がある旨指摘されているとしている。

2）「SDGs アクションプラン2023」では、民間の力を活用した社会課題解決に向けた取組みを推進すると同時に、多様性に富んだ包摂的な社会の実現、一極集中から多極化した社会を作り、地域を活性化する必要があるとしている。

3）「SDGs アクションプラン2023」では、2023年9月には、国連において5年に1度となる SDG サミットが開催され、「SDGs の半分程度の目標は達成できる」との見通しが示された。

● 解説と解答 ●

　SDGs は2015年9月の国連サミットで採択されている。日本政府は2016年5月に SDGs 推進本部を設置し、関係府省庁が一体となり、広範な施策や資源を効果的に動員するため、中長期的な国家戦略として「持続可能な開発目標（SDGs）実施指針」を策定し、達成に向けて優先すべき課題として8つの課題が策定された。

　この8つの優先課題に対する具体策として策定されたのが、SDGs アクションプランであり、毎年策定されている。

1）適切である。「SDGs アクションプラン2023」では、「日本国内に目を転じれば、SDGs の認知率が8割を超えているとする調査結果もあるように、SDGs は幅広く知られるに至り、日本各地のさまざまなステークホルダーにより SDGs に関するさまざまな取組が行われるようになった。一方、持続可能な開発ソリューション・ネットワーク（SDSN）およびベルテルスマン財団による報告書（2022年版）では、日本の SDGs 達成度は世界で19位に留まっており、特にジェンダーや気候変動、海洋資源、陸上資源および実施手段について、引き続き大きな課題がある旨指摘されている」としている。

2）適切である。「SDGs アクションプラン2023」では、「成長と分配を共に高める「人への投資」、科学技術・イノベーションへの投資、スタートアップへの投資、グリーントランスフォーメーション（GX）、デジタルトランスフォーメーション（DX）への投資を柱とする新しい資本主義の旗印の下、民間の力を活用した社会課題解決に向けた取組を推進すると同時に、多様性に富んだ包摂的な社会の実現、一極集中から多極化した社会を作り、地域を活性化する必要がある」としている。

3）不適切である。「SDGs アクションプラン2023」では、2023年9月には、国連において4年に1度となる SDG サミットが開催され、「SDGs 達成は危機的状況にある」「大半の目標の進展があまりに遅すぎるか、もしくは15年基準より後退している」との危機感が示された。

正解　3）

1－4　SDGs全般

《問》SDGsに関する「持続可能な開発のための2030アジェンダ」の内容に関する次の記述のうち、最も適切なものはどれか。
1）「持続可能な開発のための2030アジェンダ」には、あらゆるステークホルダーが役割を果たす「グローバル・パートナーシップの重要性が盛り込まれている。
2）持続可能な開発目標（SDGs）における目標（ゴール）と達成基準（ターゲット）は、地域性を勘案し各国独自の指標によってフォローアップされるとされている。
3）持続可能な開発の達成に向け、それぞれの国の進捗を比較するため、各目標に対するアプローチ、ビジョン、モデルや手段について世界共通の実施が求められるとしている。

・解説と解答・

　2015年9月の国連サミットで採択された「持続可能な開発のための2030アジェンダ」の特徴は、「普遍性：先進国を含め、全ての国が行動」「包摂性：人間の安全保障の理念を反映し、「誰一人取り残さない」」「参画型：全てのステークホルダーが役割を」「統合性：社会・経済・環境に統合的に取り組む」「透明性：定期的にフォローアップ」の5つである。
1）適切である。
2）不適切である。持続可能な開発のための2030アジェンダでは、目標とターゲットはグローバルな指標によってフォローアップされるとされている。
3）不適切である。持続可能な開発のための2030アジェンダでは、持続可能な開発の達成に向け、それぞれの国が置かれた状況および優先事項に基づき各々違ったアプローチ、ビジョン、モデルや利用可能な手段が変わってくることが認識されている。

<u>正解　1）</u>

1－5　SDGsの目標1～6①

《問》SDGs の目標に関する次の記述のうち、最も不適切なものはどれか。
1）目標1「貧困をなくそう」では、2030年までに、1日1.25米ドル未満（極度の貧困）で生活している人々を世界中で根絶することが達成基準（ターゲット）の1つとなっている。
2）目標2「飢餓をゼロに」では、2030年までに飢餓を終わらせ、すべての人々、特に貧困層や乳幼児を含む脆弱な立場にある人々が、1年中安全で栄養価の高い食料を十分に得られるようにすることが達成基準（ターゲット）の1つとなっている。
3）目標6「安全な水とトイレを世界に」では、2025年までに、すべての人々の、安全で安価な飲料水の普遍的かつ平等なアクセスを達成することが達成基準（ターゲット）の1つとなっている。

●解説と解答●

1）適切である。なお、この目標を定めた時は、「国際貧困ライン」と言われる、極度に貧しい暮らしをしている人の国際的な基準は、「1日1.25米ドル未満で生活していること」とされていたが、2015年10月に世界銀行が当該基準を改定し、1日1.9米ドルとされている。
　　なお、目標1に関する「達成基準（ターゲット）」は、《巻末資料1》を参照。
2）適切である。なお、目標2に関する「達成基準（ターゲット）」は、《巻末資料1》を参照。
3）不適切である。2025年までではなく、2030年までである。
　　なお、目標6に関する「達成基準（ターゲット）」は、《巻末資料1》を参照。

正解　3）

1－6　SDGsの目標1～6②

《問》SDGsの目標に関する次の記述のうち、最も不適切なものはどれか。

1）目標3「すべての人に健康と福祉を」の達成基準（ターゲット）に関しては、新型コロナウイルス（COVID-19）感染症の影響により、医療の混乱などを引き起こしており、グローバルヘルスにおける数十年間の前進を脅かしている。
2）目標4「質の高い教育をみんなに」では、2018年12月時点で、開発途上国を含む初等教育就学率がほぼ100％に達したため、今後は、2030年までに世界のすべての成人（男性と女性）の識字能力100％を目指すことが達成基準（ターゲット）の1つとなっている。
3）目標5「ジェンダー平等を実現しよう」では、世界各地で差別と暴力に苦しんでいる女性の基本的人権に目を向けるだけでなく、無報酬の育児、介護、家事労働を認識し、評価することも達成基準（ターゲット）としている。

・解説と解答・

1）適切である。国際連合広報センターが公表している「持続的な開発目標（SDGs報告）2022」では、新型コロナウイルス（COVID-19）感染症の影響により、医療の混乱などを引き起こし、グローバルヘルスにおける数十年間の前進を脅かしている、と報告されている。

2）不適切である。国連広報センターの資料（2018年12月）によれば、開発途上国の初等教育就学率は91％に達しているが、いまだ5,700万人の子どもが学校に通うことができていない。

　　なお、目標4に関する「達成基準（ターゲット）」は、《巻末資料1》を参照。

3）適切である。なお、目標5に関する「達成基準（ターゲット）」は、《巻末資料1》を参照。

<u>正解　2）</u>

1－7　SDGsの目標7〜11①

《問》SDGsの目標に関する次の記述のうち、最も不適切なものはどれか。

1）目標7「エネルギーをみんなにそしてクリーンに」では、世界人口の13％（2018年12月数値）が現代的な電力を利用できていないため、手頃な価格で信頼性の高い現代的なエネルギーへの普遍的なアクセスを確保することを達成基準（ターゲット）の1つとしている。

2）目標8「働きがいも経済成長も」では、後発開発途上国を除き、少なくとも先進国の1人当たりの経済成長率を年間7％に維持することを達成基準（ターゲット）の1つとしている。

3）目標9「産業と技術革新の基盤をつくろう」では、高品質で信頼性が高く持続可能で災害にも強いインフラを地域および国境を越えて開発し、すべての人が手頃で公平にアクセスできることに重点を置くことを達成基準（ターゲット）の1つとしている。

・解説と解答・

1）適切である。達成基準（ターゲット）7.1についての記述である。
　　なお、目標7に関する「達成基準（ターゲット）」は、《巻末資料1》を参照。

2）不適切である。目標8に関する達成基準（ターゲット）の1つとして、「各国の状況に応じて、1人当たりの経済成長を持続させる。特に後発開発途上国では少なくとも年率7％の成長率を保つ」ことを挙げている。
　　なお、目標8に関する「達成基準（ターゲット）」は、《巻末資料1》を参照。

3）適切である。達成基準（ターゲット）9.1についての記述である。
　　なお、目標9に関する「達成基準（ターゲット）」は、《巻末資料1》を参照。

正解　2）

1 － 8　SDGs の目標 7 〜11②

《問》SDGs の目標に関する次の記述のうち、最も不適切なものはどれか。
1 ）目標 7 「エネルギーをみんなにそしてクリーンに」では、2030年までに、世界全体のエネルギー効率の改善率を現在の10倍にすることを達成基準（ターゲット）の 1 つとしている。
2 ）目標10「人や国の不平等をなくそう」では、世界の金融市場および金融機関の規制とモニタリングを改善し、これらの規制の実施を強化することを達成基準（ターゲット）の 1 つとしている。
3 ）目標11「住み続けられるまちづくりを」では、われわれが生活する「まち」だけでなく、世界文化遺産や世界自然遺産の保護または保全するための取組みについても達成基準（ターゲット）の 1 つとしている。

・解説と解答・

1 ）不適切である。SDGs の目標 7 「エネルギーをみんなにそしてクリーンに」では、その達成基準（ターゲット）の 1 つに「2030年までに、エネルギー効率の世界的な改善率を倍増させる」ことを挙げている。
　　なお、目標 7 に関する「達成基準（ターゲット）」は、《巻末資料 1 》を参照。
2 ）適切である。達成基準（ターゲット）10.5についての記述である。
　　なお、目標10に関する「達成基準（ターゲット）」は、《巻末資料 1 》を参照。
3 ）適切である。達成基準（ターゲット）11.4についての記述である。
　　なお、目標11に関する「達成基準（ターゲット）」は、《巻末資料 1 》を参照。

正解　1 ）

1−9　SDGs の目標12〜15①

《問》SDGs の目標に関する次の①〜③の記述のうち、適切なものはいくつあるか。

①目標12「つくる責任つかう責任」では、世界の1人当たりの食品廃棄物を小売・消費レベルでゼロにすることを達成基準（ターゲット）の1つとしている。

②目標13「気候変動に具体的な対策を」では、気候変動対策を国の政策、戦略および計画に盛り込むことを達成基準（ターゲット）の1つとしている。

③目標14「海の豊かさを守ろう」では、2025年までに、あらゆる種類の海洋汚染、特に陸上活動による汚染等を防止し、大幅に削減することを達成基準（ターゲット）の1つとしている。

　1）1つ
　2）2つ
　3）3つ

・解説と解答・

①適切である。達成基準（ターゲット）12.3についての記述である。

　なお、目標12に関する「達成基準（ターゲット）」は、《巻末資料1》を参照。

②適切である。達成基準（ターゲット）13.2についての記述である。

　なお、目標13に関する「達成基準（ターゲット）」は、《巻末資料1》を参照。

③適切である。達成基準（ターゲット）14.1についての記述である。

　なお、目標14に関する「達成基準（ターゲット）」は、《巻末資料1》を参照。

　したがって、適切なものは3つ。

正解　3）

1 −10　SDGs の目標12〜15②

《問》SDGs の目標に関する次の記述のうち、最も不適切なものはどれか。

1 ）目標13「気候変動に具体的な対策を」では、気候変動の緩和、適応、影響軽減および早期警戒に関する教育、啓発、人的能力および制度機能を改善することを達成基準（ターゲット）の 1 つとしている。

2 ）目標14「海の豊かさを守ろう」では、2030年までに、海洋ごみや富栄養化を含む、特に陸上活動による汚染など、あらゆる種類の海洋汚染を防止し、大幅に削減することを達成基準（ターゲット）の 1 つとしている。

3 ）目標15「陸の豊かさも守ろう」では、毎年広大な土地が干ばつと砂漠化によって失われている現状に対応するため、砂漠化、干ばつ、洪水の影響を受けた劣化した土地と土壌を回復し、土地劣化に荷担しない世界の実現に努めることを達成基準（ターゲット）の 1 つとしている。

・解説と解答・

1 ）適切である。達成基準（ターゲット）13.3についての記述である。

なお、目標13に関する「達成基準（ターゲット）」は、《巻末資料 1 》を参照。

2 ）不適切である。「2030年まで」ではなく、「2025年まで」である。SDGs の目標年限は2030年であるが、一部の達成基準（ターゲット）は2030年以前の目標年限となっている。これは、それだけ問題が深刻化しており、解決への優先度が高い達成基準（ターゲット）とも言える。

なお、目標14に関する「達成基準（ターゲット）」は、《巻末資料 1 》を参照。

3 ）適切である。達成基準（ターゲット）15.3についての記述である。

なお、目標15に関する「達成基準（ターゲット）」は、《巻末資料 1 》を参照。

正解　2 ）

1－11 SDGs の目標16

《問》SDGs の目標16「平和と公正をすべての人に」の内容に関する次
の記述のうち、最も不適切なものはどれか。

1）2035年までに、違法な資金および武器の取引を大幅に減少させ、奪
われた財産の回復および返還を強化し、あらゆる形態の組織犯罪を
根絶することを達成基準（ターゲット）の1つとしている。

2）あらゆる形態の汚職や贈賄を大幅に減少させることを達成基準（タ
ーゲット）の1つとしている。

3）すべての人々に出生登録を含む法的な身分証明を提供することを達
成基準（ターゲット）の1つとしている。

解説と解答

1）不適切である。「2035年まで」ではなく、「2030年まで」である。

　なお、目標16に関する「達成基準（ターゲット）」は、《巻末資料1》を
参照。

2）適切である。達成基準（ターゲット）16.5についての記述である。

3）適切である。達成基準（ターゲット）16.9についての記述である。

正解　1）

1 −12　SDGs の目標17

《問》SDGs の目標17「パートナーシップで目標を達成しよう」の内容に関する次の記述のうち、最も不適切なものはどれか。

1) 課税および徴税能力の向上のため、開発途上国への国際的な支援なども通じて、国内資源の動員を強化することを達成基準（ターゲット）の 1 つとしている。

2) 開発途上国に対し、譲許的・特恵的条件などの相互に合意した有利な条件のもとで、環境に配慮した技術の開発、移転、普及および拡散を促進することを達成基準（ターゲット）の 1 つとしている。

3) 2025年までに、持続可能な開発の進捗状況を測る GDP 以外の尺度を開発する既存の取組みを更に前進させ、開発途上国における統計に関する能力構築を支援することを達成基準（ターゲット）の 1 つとしている。

・解説と解答・

1) 適切である。達成基準（ターゲット）17.1についての記述である。

　　なお、目標17に関する「達成基準（ターゲット）」は、《巻末資料 1 》を参照。

2) 適切である。達成基準（ターゲット）17.7についての記述である。

3) 不適切である。「2025年まで」ではなく、「2030年まで」である。

<u>正解　3)</u>

1－13 SDGs（相互関連性・複雑性）

《問》SDGs の相互関連性・複雑性に関する次の記述のうち、最も不適
切なものはどれか。

1）近年のグローバル化と製品やサービスの国際貿易の拡大に伴い、
SDGs の目標間の関連性は国境を越えることになり、その相互影響
力は近年、更に強く、複雑になっている。

2）SDGs の17の各目標は、複雑な要因が相互に影響しているため、あ
る目標を達成するためには、一時的に別の目標の達成を犠牲にする
こともやむを得ない。

3）SDGs の17の目標すべてに１つひとつ個別に貢献しようとすると難
しいように思えるが、マテリアリティ（重要課題）ごとに見ていく
と、１つの取組みによって複数の目標への貢献が期待できるケース
も多く、結果的に多くの目標に取り組んでいることにつながる。

・解説と解答・

1）適切である。SDGs を達成するための取組みを実施するに際しては、
SDGs が経済、社会、環境の三側面を含むものであること、およびこれら
の相互関連性を意識することが重要である。

2）不適切である。「我々の世界を変革する：持続可能な開発のための2030ア
ジェンダ（外務省仮訳）」では、このアジェンダは「世界全体の普遍的な
目標とターゲット」であり、「これらは、統合され不可分のもの」とある
ため、ある目標を達成するために別の目標を犠牲にすることなく、複数の
目標を同時に解決することが重要であるとしている。

3）適切である。例えば、博報堂、朝日新聞社、JICA がタイやインドで子ど
も向けの学習誌「みっけ」を定期的に無償配布、出張授業などを行ってい
る事例が、目標１「貧困をなくそう」、目標４「質の高い教育をみんなに」
相互に関連性がある事例となる。

　貧困層・脆弱層に対する基礎的サービスへのアクセス改善および経済的
平等の実現という側面と、平等な教育の実施という側面を併せ持つ活動で
ある。

正解　2）

1 −14　SDGs ウェディングケーキモデル

《問》SDGs ウェディングケーキモデルについて説明した以下の文章の空欄①、②にあてはまる語句の組合せとして、次のうち最も適切なものはどれか。

SDGs と環境保護の関連性・重要性をわかりやすく示したものとして、ストックホルム・レジリエンスセンターが提唱した「SDGsウェディングケーキモデル」がある。このモデルは、（　①　）に関する 4 つの目標を土台として（　②　）に関する 8 つの目標があり、さらにその上に経済に関する 4 つの目標があり、頂点に目標17があることを図示したものである。

1 ）①環境　　　②社会
2 ）①社会　　　②環境
3 ）①環境　　　②人権

・解説と解答・

　SDGs と環境保護の関連性・重要性をわかりやすく示したものとして、ストックホルム・レジリエンスセンターが提唱した「SDGs ウェディングケーキモデル」がある。このモデルは「環境（生物圏）」の上に「社会」、さらにその上に「経済」を置くことで、自然（環境）からの恩恵によって社会そして経済が支えられていることを視覚的に示しており、複数の課題の統合的な解決のために、SDGs の17の目標の相互関係についてさまざまな捉え方が提示されている。

　環境の観点で整理すると、この相互関係は「環境を基盤とし、その上に持続可能な経済社会活動が存在しているという役割をそれぞれが担っている」と捉えられる。

　SDGs ウェディングケーキモデルは、（①環境（生物圏））に関する 4 つの目標（目標 6 、13、14、15）を土台として（②社会）に関する 8 つの目標（目標 1 、 2 、 3 、 4 、 5 、 7 、11、16）があり、さらにその上に経済に関する 4 つの目標（目標 8 、 9 、10、12）があり、頂点に目標17「パートナーシップで目標を達成しよう」があることを図示したものである。

　したがって、 1 ）が適切である。　　　　　　　　　　　　　　正解　 1 ）

1－15　Sustainable Development Report による日本の評価

《問》「Sustainable Development Report 2023（持続可能な開発レ
ポート）」による日本の評価について説明した以下の文章の空欄①、
②に入る語句等の組合せとして、次のうち最も適切なものはどれ
か。

　「Sustainable Development Report 2023（持続可能な開発レポー
ト）」による日本の評価は、SDGs ランキングで163カ国中
（　①　）位となっている。また、日本の SDGs の達成度合いのう
ち目標4「質の高い教育をみんなに」、目標9「産業と技術革新の
基盤をつくろう」の2つの目標については、（　②　）とされてお
り、日本の SDGs 達成度合いのうち、目標5「ジェンダー平等を実
現しよう」、目標12「つくる責任つかう責任」、目標13「気候変動に
具体的な対策を」、目標14「海の豊かさを守ろう」、目標15「陸の豊
かさも守ろう」の3つの目標については、最低評価（深刻な課題が
残っている）とされている。

1）①21　　　②ほぼ達成できている
2）①21　　　②達成できている
3）①11　　　②達成できている

●解説と解答●

　「Sustainable Development Report 2022（持続可能な開発レポート）」は、持
続可能な開発ソリューションネットワーク（SDSN）とベルテルスマン財団
（Bertelsmann Stiftung）によって作成・公表された SDGs の達成度・進捗状
況に関する国際レポートである。

　2016年から発行されており、各国のスコアとランキングが示され、2023年版
の SDGs ランキングで日本は163カ国中（①21）位となっている。

　また、日本の SDGs 達成度合いのうち、目標4「質の高い教育をみんなに」、
目標9「産業と技術革新の基盤をつくろう」の2つの目標については、（②達
成できている）とされており、目標5「ジェンダー平等を実現しよう」、目標
12「つくる責任つかう責任」、目標13「気候変動に具体的な対策を」、目標14
「海の豊かさを守ろう」、目標15「陸の豊かさも守ろう」の5つの目標について

は、最低評価（深刻な課題が残っている）とされている。

　なお、前年「達成できている」とされていた目標16「平和と公正をすべての人に」は停滞していると判断され、ワンランク下落している。わが国のランキングは下降傾向にあるが、スコアは約80点前後を維持しており、わが国の取組みの成果が現れている一方で、諸外国の取組み・成果がそれを上回っている状況と言える。

　したがって、2）が適切である。

正解　2）

1-16　企業行動憲章

《問》日本経済団体連合会（経団連）が策定した「企業行動憲章」について説明した以下の文章の空欄①、②に入る語句の組合せとして、次のうち最も適切なものはどれか。

> 経団連は、サステイナブルな資本主義の確立を目指して「企業行動憲章」（会員企業に求める行動原則）を策定している。
> 　同憲章において、会員企業は、「人権を尊重し、働き方の変革と（　①　）への投資を行いつつ、グリーントランスフォーメーションやデジタルトランスフォーメーションを通じて社会的課題の解決を目指し、社会や個人のウェルビーイングの向上に貢献していく。同時に、多様なステークホルダーとの新たな価値の協創によって、持続的な成長を実現することが重要である。さらに、自社のみならず、グループ企業、（　②　）にも行動変革を促すことで、持続可能性と強靭性を確保し、世界で起きているさまざまな危機に対応する必要がある」とされている。

1）①人　　　　　　　　②サプライチェーン
2）①社会インフラ　　　②競合企業
3）①社会インフラ　　　②サプライチェーン

・解説と解答・

　日本経済団体連合会（経団連）は、サステイナブルな資本主義の確立を目指して「企業行動憲章」（会員企業に求める行動原則）を策定している。

　同憲章において、会員企業は、「人権を尊重し、働き方の変革と（①人）への投資を行いつつ、グリーントランスフォーメーションやデジタルトランスフォーメーションを通じて社会的課題の解決を目指し、社会や個人のウェルビーイングの向上に貢献していく。同時に、多様なステークホルダーとの新たな価値の協創によって、持続的な成長を実現することが重要である。さらに、自社のみならず、グループ企業、（②サプライチェーン）にも行動変革を促すことで、持続可能性と強靭性を確保し、世界で起きているさまざまな危機に対応する必要がある」とされている。

　なお、企業行動憲章において、企業は、国の内外において次ページの10原則

に基づき、関係法令、国際ルールおよびその精神を遵守しつつ、高い倫理観を
もって社会的責任を果たしていくとされている。
　したがって、1）が適切である。

正解　1）

《企業行動憲章における10原則》
　原則1．持続可能な経済成長と社会的課題の解決
　原則2．公正な事業慣行
　原則3．公正な情報開示、ステークホルダーとの建設的対話
　原則4．人権の尊重
　原則5．消費者・顧客との信頼関係
　原則6．働き方の改革、職場環境の充実
　原則7．環境問題への取り組み
　原則8．社会参画と発展への貢献
　原則9．危機管理の徹底
　原則10．経営トップの役割と本憲章の徹底
　この企業行動憲章の10原則と関連するSDGsの目標の例を挙げると、以下の
とおり。
　原則1．持続可能な経済成長と社会的課題の解決：目標9「産業と技術革新
　　　　　の基礎をつくろう」
　原則4．人権の尊重：目標10「人や国の不平等をなくそう」
　原則6．働き方の改革、職場環境の充実：目標8「働きがいも経済成長も」
　原則9．危機管理の徹底：目標16「平和と公正をすべての人に」
　原則10．経営トップの役割と本憲章の徹底：目標17「パートナーシップで目
　　　　　標を達成しよう」

第2章

SDGs 関連知識

2－1　SDGs ウォッシュ、グリーンウォッシュ

《問》SDGs ウォッシュに関する次の記述のうち、最も不適切なものは
どれか。
1 ）SDGs に取り組む企業が、SDGs ウォッシュと批判されないように
するには、根拠がない、情報源が不明な情報を避けて情報発信する
ことが重要である。
2 ）SDGs ウォッシュとは、うわべだけ SDGs に取り組んでいるように
見せているが、実態が伴っていないことを指す。
3 ）SDGs に取り組む企業が、SDGs ウォッシュと批判されないように
するには、言葉の意味が規定しにくいあいまいな表現を使うことが
重要である。

・解説と解答・

1 ）適切である。電通が公表した「SDGs コミュニケーションガイド」によ
ると、SDGs ウォッシュとは、うわべだけ SDGs に取り組んでいるように見
せているが、実態が伴っていない状態を指す。
　　環境問題に本気で取り組むつもりはない企業が、消費者などへの訴求効
果を狙って、あたかも環境に配慮しているかのように見せかける「グリー
ンウォッシュ」と同様の文脈で用いられることが多い。
　　SDGs に取り組む企業が、SDGs ウォッシュ批判を回避するためのポイ
ントとして、同ガイドは、①根拠がない、情報源が不明な表現を避ける、
②事実よりも誇張した表現を避ける、③言葉の意味が規定しにくいあいま
いな表現を避ける、④事実と関係性の低いビジュアルを用いない、を挙げ
ている。
2 ）適切である。
3 ）不適切である。肢 1 ）の解説を参照。

正解　3 ）

2 － 2　SDGs に関する日本政府の取組み

《問》日本政府の SDGs の取組みに関する次の記述のうち、最も不適切
　　なものはどれか。
1) 環境省は各都道府県に対し、SDGs に関連する取組みの進展に寄与
　　することなどを目的として、すべての企業が持続的に発展するため
　　の「持続可能な開発目標（SDGs）活用ガイド」の作成を義務付け
　　ている。
2) 農林水産省は、「SDGs×食品産業〜持続可能な社会と食品産業発展
　　のために私たちにできること〜」という公式サイトを開設し、
　　SDGs の各目標を食品産業の視点を加えて解説し、先行企業の具体
　　的な事例を目標別に紹介している。
3) 文部科学省は、新学習指導要領において「持続可能な社会の創り手
　　の育成」が明記されたことを背景に、SDGs 達成のための教育
　　（ESD）の推進に向け、SDGs 達成の担い手に必要な資質・能力の
　　向上を図る優れた取組みに対する支援を実施している。

・解説と解答・

1) 不適切である。「持続可能な開発目標（SDGs）活用ガイド」は、「持続可
　　能な開発目標（SDGs）に係る取組の進展に寄与することなどを目的とし
　　て、すべての企業が持続的に発展するため」、環境省によって作成された
　　ものである。
　　　変化するビジネス環境のなかで企業が置かれている状況と、企業にとっ
　　て SDGs に取り組む意義について説明したうえで、具体的な取組みの進め
　　方を示している。
　　　また、既に SDGs に先駆的に取り組んでいる企業の事例などを紹介して
　　おり、同ガイドを活用して SDGs に取り組むことで、経営リスクを回避す
　　るとともに、新たなビジネスチャンスを獲得し、持続可能な企業へと発展
　　していくことが期待されている。
　　　同ガイドは本編の 4 章構成（企業を取り巻く社会の変化／企業の持続可
　　能性に関わる動き／企業にとっての SDGs とは／取組の進め方）に加え
　　て、資料編で構成されている。資料編には、便利ツールや各種支援制度な
　　どの情報が盛り込まれている。

2）適切である。農林水産省では、公式サイトを通じ、「SDGs×食品産業」に関する最新情報や「17の目標と食品産業とのつながり」について、SDGsの各目標を食品産業の視点を加えて解説し、先行企業の具体的な事例を目標別に紹介している。

　食品産業がSDGsに取り組む理由として、①事業を通してSDGsの達成に近づくことができる（ビジネスの発展）、②SDGsが達成されないと事業の将来が危ない（リスクの回避）、③SDGsの達成に貢献できる企業であるか問われている（企業の社会的価値）、の3つを挙げている。

3）適切である。ESDはEducation for Sustainable Developmentの略で「持続可能な開発のための教育」と訳される。

　現在、世界には気候変動、生物多様性の喪失、資源の枯渇、貧困の拡大等人類の開発活動に起因するさまざまな問題が存在している。

　ESDとは、これらの現代社会の問題を自らの問題として主体的に捉え、人類が将来の世代にわたり恵み豊かな生活を確保できるよう、身近なところから取り組む（think globally, act locally）ことで、問題の解決につながる新たな価値観や行動等の変容をもたらし、持続可能な社会を実現していくことを目指して行う学習・教育活動のことをいう。ESDは持続可能な社会の創り手を育む教育である。

正解　1）

2 − 3　国連グローバル・コンパクト

《問》国連グローバル・コンパクト（UNGC）に関する次の記述のうち、最も不適切なものはどれか。

1）国連グローバル・コンパクトは、国連と企業などの民間が手を結び、健全なグローバル社会を築くための世界最大のサステナビリティイニシアチブのことである。

2）国連グローバル・コンパクトの日本におけるローカルネットワークであるグローバル・コンパクト・ネットワーク・ジャパンの会員企業へのアンケートによれば、経営への SDGs の組込み状況において、すべての企業において、取組みの実効性を引き上げる要素である重要業績指標（KPI）の設定、定量目標・実績の開示、役員報酬との結び付けが課題とされている。

3）普遍的な価値として国際社会で認められている国連グローバル・コンパクトが定める 4 分野は、人権、労働、環境、腐敗防止である。

・解説と解答・

1）適切である。なお、グローバル・コンパクト・ネットワーク・ジャパン（GCNJ）は、2003年12月に日本のローカルネットワークとして発足した。2024年 4 月 8 日現在、会員数は604企業・団体となっている。

2）不適切である。経営への SDGs の組込み状況では、①従業員数10〜249人の企業は、方針・表明を示していても具体的行動に結びついていない、②250〜4,999人の企業では、取組みの実効性を引き上げる要素である重要業績指標（KPI）の設定、定量目標・実績の開示、役員報酬との結び付けが課題、③5,000人以上の企業でも、役員報酬との結び付けが課題、とされている。

3）適切である。普遍的な価値として国際社会で認められている国連グローバル・コンパクトの 4 分野10原則は、次のとおりである。

　・人権
　　企業は、国際的に宣言されている人権の保護を支持、尊重し（原則 1 ）、自らが人権侵害に加担しないよう確保すべきである（原則 2 ）

　・労働
　　企業は、結社の自由と団体交渉の実効的な承認を支持し（原則 3 ）、あ

らゆる形態の強制労働の撤廃を支持し（原則4）、児童労働の実効的な廃止を支持し（原則5）、雇用と職業における差別の撤廃を支持すべきである（原則6）

・環境

企業は、環境上の課題に対する予防原則的アプローチを支持し（原則7）、環境に関するより大きな責任を率先して引き受け（原則8）、環境にやさしい技術の開発と普及を奨励すべきである（原則9）

・腐敗防止

企業は、強要と贈収賄を含むあらゆる形態の腐敗の防止に取り組むべきである（原則10）

__正解　2）__

2−4　金融行政と SDGs ①

《問》金融行政と SDGs との関係に関する次の記述のうち、最も不適切
　　なものはどれか。
1 ）SDGs は、本来的には企業・投資家・金融機関などの各経済主体が
　　自主的に取り組むべきものであり、金融庁が各経済主体に働きかけ
　　ることは民間主導を阻害することから、いかなる場合でも避けなけ
　　ればならないとされている。
2 ）金融庁は、地域金融機関による事業性評価に基づく融資や本業支援
　　の取組みなどを引き続き促進することで、地域金融機関と顧客との
　　「共通価値の創造」を実現し、SDGs の目標 8 「働きがいも経済成
　　長も」や目標 9 「産業と技術革新の基盤をつくろう」の達成を目指
　　している。
3 ）金融庁は、金融デジタライゼーション戦略として「データ戦略の推
　　進」「イノベーションに向けたチャレンジの促進」「機能別・横断的
　　法制の整備」「金融行政・金融インフラの整備」「グローバルな課題
　　への対応」の重点 5 分野の新たな取組みを通じて、SDGs の目標 8
　　「働きがいも経済成長も」や目標 9 「産業と技術革新の基盤をつく
　　ろう」の達成を目指している。

・解説と解答・

1 ）不適切である。金融庁が公表している「金融行政と SDGs」（2018年公表、
2020年更新）では、「日本政府として推進している持続可能な開発目標
（SDGs）は、企業・経済の持続的成長と安定的な資産形成等による国民の
厚生の増大を目指すという金融行政の目標にも合致するものであり、金融
庁としてもその推進に積極的に取り組む」「SDGs は、本来的には企業・
投資家・金融機関といった各経済主体が自主的に取り組むべきものである
が、何らかの要因でそうした動きが妨げられて外部不経済が発生している
場合には、経済全体としての最適な均衡の実現に向け、当局として促すこ
とも必要」との記載がある。
　　また、官民連携して、マネー・ローンダリング等に利用されない金融シ
ステム確保のための態勢強化に向け、「マネー・ローンダリング及びテロ
資金供与対策に関するガイドライン」等に基づく金融機関へのモニタリン

グを実施すること等で、目標16「平和と公正をすべての人に」の達成に寄
与することも目指している。

2）適切である。金融庁が公表している「金融行政と SDGs」では、地域金融
機関が顧客のニーズを捉えた付加価値の高いサービスを提供することによ
り、安定した経営基盤を確保する取組み（共通価値の創造）が重要である
としており、この考えは、民間企業も社会的課題解決を担う主体と位置付
ける SDGs の考え方と軌を一にするものであるとしている。

3）適切である。金融庁が公表している「金融行政と SDGs」では、金融デジ
タライゼーション戦略の重点5分野について、その取組みを加速し、利用
者の利便性や生産性向上につながる金融サービスの向上と土台としてのイ
ノベーションの促進に貢献することで、SDGs の目標8「働きがいも経済
成長も」や目標9「産業と技術革新の基盤をつくろう」の達成を目指すと
している。

正解　1）

2－5　金融行政と SDGs ②

《問》金融行政と SDGs との関係に関する次の記述のうち、最も不適切
　なものはどれか。
1 ）金融庁は、より効率的・効果的な金融経済教育の推進に向け、有識
　者・業界団体・関係省庁からなる官民連携の金融経済教育推進会議
　において継続的に議論し、施策を展開することにより、SDGs の目
　標 4 「質の高い教育をみんなに」や目標 9 「産業と技術革新の基盤
　をつくろう」の達成に寄与することを目指している。
2 ）金融庁は、「顧客本位の業務運営」を浸透・定着させ、家計の安定
　的な資産形成を図り、国民の生活の向上に貢献することで、SDGs
　の目標 1 「貧困をなくそう」や目標 8 「働きがいも経済成長も」の
　達成に寄与することを目指している。
3 ）金融庁は、金融インフラの整備や金融制度の企画・立案、検査・監
　督に関する知見の共有による新興国の金融当局の能力向上を支援す
　るなど、新興国との技術協力・人材交流を通じて、SDGs の目標 9
　「産業と技術革新の基盤をつくろう」や目標10「人や国の不平等を
　なくそう」、目標17「パートナーシップで目標を達成しよう」の達
　成に寄与することを目指している。

・解説と解答・

1 ）不適切である。金融庁が公表している「金融行政と SDGs」（2018年公表、
2020年更新）では、より効率的・効果的な金融経済教育の推進に向け、有
識者・業界団体・関係省庁からなる官民連携の金融経済教育推進会議にお
いて継続的に議論し、施策を展開することにより、SDGs の目標 4 「質の
高い教育をみんなに」や目標 1 「貧困をなくそう」の達成に寄与すること
を目指している。
2 ）適切である。金融庁が公表している「金融行政と SDGs」では、金融事業
者の取組みの「見える化」と金融庁によるモニタリングを通じて顧客本位
の業務運営を浸透・定着させることで、家計の安定的な資産形成を図り、
国民の生活の向上に貢献することを目指すとしている。
3 ）適切である。金融庁が公表している「金融行政と SDGs」では、金融庁
は、アジア新興国の金融当局との間で長期的な協力の枠組みを構築したう

えで、職員の長期派遣や研修開催を通じ、証券取引所などの金融インフラの整備や金融制度の企画・立案、検査・監督に関する知見の共有による金融当局の能力向上を支援する技術協力を実施することとしている。

こうした取組みによる新興国の金融市場や金融システムの安定は、不平等是正の目標達成にも寄与するとしている。

正解　1）

2 － 6　金融機関の SDGs への取組み

《問》全国銀行協会（全銀協）による SDGs の取組みに係る調査結果に
　　関する次の記述のうち、最も適切なものはどれか。

1 ）「全銀協 SDGs レポート 2023-2024（暫定版）」では、会員行の
　　SDGs・ESG に関する取組状況の2023年度アンケート調査の結果を
　　公表しており、「SDGs／ESG に関する取組みについての専門部
　　門・部署を設置して対応している」と回答した会員行は27行であ
　　り、依然として取組みが進んでいない現状を報告している。
2 ）「全銀協 SDGs レポート 2023-2024（暫定版）」では、超長寿社会の
　　到来等を見据え、高齢者等さまざまな利用者に対する金融アクセ
　　ス・サービスの拡充を推進することは、「金融サービスの拡充」等
　　をターゲットに掲げる SDGs の目標 8 「働きがいも経済成長も」の
　　達成に寄与するものとして、活動を推進・拡充していくこととして
　　いる。
3 ）全銀協の金融調査研究会が公表した「SDGs に金融はどう向き合う
　　か」（2019年 3 月）によれば、金融機関は、SDGs の意義や内容を
　　よく理解したうえで、自社の事業内容や規模、地域特性を踏まえて
　　重要課題を特定し、優先順位を付けつつ、「フォアキャスティング」
　　の発想で長期的なビジョンとその実現に向けた取組方針を策定する
　　ことが重要であるとしている。

・解説と解答・

1 ）不適切である。全国銀行協会（全銀協）は、銀行界における SDGs・ESG
　　の取組みについて対外的な発信を強化するとともに、会員行の自主的取組
　　みの推進を一層支援することなどを目的として、年度ごとに、全銀協の主
　　な活動状況や会員行の SDGs に関する取組事例等を「全銀協 SDGs レポー
　　ト」としてとりまとめている。
　　　「全銀協 SDGs レポート 2023-2024（暫定版）」では、会員行の SDGs・
　　ESG に関する取組状況の2023年度アンケート調査の結果を公表しており、
　　「SDGs／ESG に関する取組みについての専門部門・部署を設置して対応
　　している」と回答した会員行は回答があった114行中69行となっている。
　　なお、設問は2021年度アンケート調査の結果を示しており、そこから着実

に増加していると言える。

2）適切である。「全銀協 SDGs レポート」によると、金融業界においても高齢社会への対応の重要性が高まっている背景等を踏まえ、銀行界として、統一的・集約的に高齢社会への対応の検討を進めるため、全銀協の業務委員会下部に、「高齢社会対応等検討部会」を設置するなどし、高齢社会における銀行の顧客サービスのあり方等について、本検討部会を中心に検討を進めている。

3）不適切である。全銀協の金融調査研究会が公表した「SDGs に金融はどう向き合うか」（2019年3月）では、5つの取組みを提言している。

　その1つとして「金融機関は、SDGs の意義や内容をよく理解したうえで、自社の事業内容や規模、地域特性を踏まえ重要課題（マテリアリティ）を特定し、優先順位をつけつつ、「バックキャスティング」の発想で長期的なビジョンとその実現に向けた取組方針を策定することが重要である」としている。

　バックキャスティングとは、「未来の姿から逆算して現在の施策等を考える発想」のことで、「現状からどのような改善ができるかを考えて、改善策を考える発想」（フォアキャスティング）とは異なる。

　なお、5つの取組みの残りは以下のとおりである。

・金融機関は、自らの成長戦略のなかに SDGs の具体的目標を組み込むことに加え、SDGs 達成のため、資金の出し手としての役割を果たすことが重要である。

・金融機関は、すべての取引先の経営者との日々の接点を有するという特長を活かし、SDGs の内容を周知するとともに、環境・社会課題の解決に向けた取引先企業の取組みをさまざまな側面からサポートすることを通じ、SDGs 達成に貢献することが重要である。

・金融機関は、目標13「気候変動に具体的な対策を」の達成に向け、責任ある投融資等の態勢の強化や TCFD 最終報告書にもとづく気候関連のリスクと機会への対応に取り組むことが重要である。

・金融機関は、SDGs 達成に向けた取組みをステークホルダーに対し積極的に開示・発信していくことに加え、ESG 金融リテラシー向上に向けた取組みを行うことが重要である。

正解　2）

2－7 カーボンニュートラルの実現に向けた全銀協イニシアティブ2024

《問》全国銀行協会（全銀協）「カーボンニュートラルの実現に向けた全銀協イニシアティブ2024」（2024年3月）の内容に関する以下の文章の空欄①、②にあてはまる語句の組合せとして、次のうち最も適切なものはどれか。

> カーボンニュートラル／ネットゼロの実現は、日本を含む150カ国超がコミットする目標であり、今後、グローバルに産業構造や社会経済の変革をもたらす可能性がある。こうした動きはわが国にとって大きな成長機会である一方、脱炭素化は大変な挑戦であり、将来金融上のリスクともなりうる。本イニシアティブは、こうした認識のもと、銀行界として、社会経済全体の2050年カーボンニュートラル／ネットゼロへの「（ ① ）な移行」を支え、実現するための全銀協の取組方針を示すものである。
>
> 当面の重点取組分野として、「エンゲージメントの充実・円滑化」「評価軸・基準の整理」「サステナブル・ファイナンスの裾野拡大」「開示の充実」「（ ② ）への対応」が挙げられている。

1）①公正　　　②気候変動リスク
2）①公正　　　②地域課題
3）①円滑　　　②気候変動リスク

・解説と解答・

　カーボンニュートラル／ネットゼロの実現は、日本を含む150カ国超がコミットする目標であり、今後、グローバルに産業構造や社会経済の変革をもたらす可能性がある。こうした動きはわが国にとって大きな成長機会である一方、脱炭素化は大変な挑戦であり、将来金融上のリスクともなりうる。本イニシアティブは、こうした認識のもと、銀行界として、社会経済全体の2050年カーボンニュートラル／ネットゼロへの「（①公正）な移行」を支え、実現するための全銀協の取組方針を示すものである。

　当面の重点取組分野として、「エンゲージメントの充実・円滑化」「評価軸・基準の整理」「サステナブル・ファイナンスの裾野拡大」「開示の充実」「（②気候変動リスク）への対応」が挙げられている。

　また、顧客の移行支援に向けた会員各行の取組みを、業界団体として後押し、さらに加速させていくための基本方針として、「金融・社会インフラとしての役割発揮」「産業界との連携」「政府・関係省庁への提言」「国際的な議論への参画」が挙げらている。

正解　1）

2 － 8　SDGs 未来都市、自治体 SDGs モデル事業

《問》内閣府が推進する「SDGs 未来都市及び自治体 SDGs モデル事業」の内容に関する以下の文章の空欄①、②にあてはまる数値の組合せとして、次のうち最も適切なものはどれか。

内閣府は、地方創生 SDGs の達成に向け、優れた SDGs の取組みを提案する地方自治体を「SDGs 未来都市」として選定し、その中で特に優れた先導的な取組みを「自治体 SDGs モデル事業」として選定して支援し、成功事例の普及を促進している。SDGs 未来都市に選定された都市は、（　①　）年間の SDGs 未来都市計画を策定し、計画に沿って SDGs の推進を図ることとなる。

SDGs 未来都市は、2023年度に28都市が追加選定され、同年度末までに、累計（　②　）都市が選定されている。

1 ）①3　　　②124
2 ）①3　　　②182
3 ）①5　　　②250

・解説と解答・

　内閣府は、地方創生 SDGs の達成に向け、優れた SDGs の取組みを提案する地方自治体を「SDGs 未来都市」として選定し、その中で特に優れた先導的な取組みを「自治体 SDGs モデル事業」として選定して支援し、成功事例の普及を促進している。SDGs 未来都市に選定された都市は、（①3）年間の SDGs 未来都市計画を策定し、計画に沿って SDGs の推進を図ることとなる。

　SDGs 未来都市は、2023年度に28都市が追加選定され、同年度末までに、累計（②182）都市が選定されている。また、当面2024年度末までに、累計210都市の選定を行うこととしている。

　なお、既選定都市の提案内容と、同じまたは類似であることをもってその提案がただちに選定対象外となるものではない。

正解　2 ）

2－9　気候変動に関する国際的な枠組み

《問》気候変動に関する国際的な枠組みに関する次の記述のうち、最も適
切なものはどれか。
1)「気候変動に関する国際連合枠組条約」は、大気中の温室効果ガス
（二酸化炭素やメタンなど）の濃度を気候体系に危害を及ぼさない
水準で安定化させることを目的とした条約である。
2)「京都議定書」では、「先進国の温室効果ガス排出量について、法的
拘束力はないが数値目標を各国ごとに設定」「国際的に協調して、
目標を達成するための仕組みを導入」「途上国に対しては、数値目
標などの新たな義務を導入しない」などと取り決められている。
3)「パリ協定」は、第21回国連気候変動枠組条約締約国会議
（COP21）において採択された、温室効果ガス排出に係る主要37カ
国が参加する2020年度以降の気候変動に関する国際枠組みである。

・解説と解答・

1)　適切である。「気候変動に関する国際連合枠組条約（国連気候変動枠組条
約（UNFCCC）」は、1992年5月に採択され、1994年3月に発効した（締
約国数：198カ国・機関）。大気中の温室効果ガス（二酸化炭素、メタンな
ど）の濃度を安定化させることを究極の目的とし、本条約に基づき、1995
年から毎年、気候変動枠組条約締約国会議（COP）が開催されている。
　　　この「第2条 目的」では、「気候系に対して危険な人為的干渉を及ぼす
こととならない水準において大気中の温室効果ガスの濃度を安定化させる
ことを究極的な目的とする」としている。
　　　なお、先進国や市場経済移行国以外の途上国については、温室効果ガス
削減目標への言及はなされていない。
2)　不適切である。先進国の温室効果ガス排出量について、法的拘束力のある
数値目標を各国ごとに設定している。京都議定書は、1997年に京都で開催
された第3回気候変動枠組条約締約国会議（COP3）で採択された（締約
国数：192カ国・機関）、気候変動への国際的な取組みを定めた条約であ
る。
　　　同議定書では、国連気候変動枠組条約の附属書Ⅰ国（先進国および市場
経済移行国）に対して、一定期間（約束期間）における温室効果ガス排出

量の削減義務として、1990年比の削減目標を課している。2008年から2012年の第 1 約束期間の 5 年間で、温室効果ガスを少なくとも 5 ％削減することを目標とした（法的拘束力あり）。日本は第 1 約束期間において、1990年比で 6 ％削減することが定められた（結果は8.4％削減で目標達成）。

　なお、同議定書には第 2 約束期間があり、その期間は2013年から2020年の 8 年間となっているが、日本は、「公平性・実効性に欠ける枠組みである」などとして、第 2 約束期間には参加していない。

3 ）不適切である。パリ協定は、すべての国が参加する公平な合意である。なお、パリ協定は、2015年12月にフランスのパリで開催された第21回国連気候変動枠組条約締約国会議（COP21）において、2020年以降の温室効果ガス排出削減等のための新たな国際枠組みとして採択され、この合意において、京都議定書の成立以降、気候変動に関し、長らく日本が主張してきた「すべての国による取組み」が実現した。同協定は、SDGs の目標13「気候変動に具体的な対策を」に合致するものと言える。

　同協定の概要のうち、主なものは下記のとおりである。

・世界共通の長期目標として 2 ℃目標の設定。1.5℃に抑える努力を追求すること。

・主要排出国を含むすべての国が削減目標を 5 年ごとに提出・更新すること。

・すべての国が共通かつ柔軟な方法で実施状況を報告し、レビューを受けること。　等

<u>正解　1 ）</u>

2－10　気候関連財務情報開示タスクフォース（TCFD）

《問》気候関連財務情報開示タスクフォース（TCFD）に関する次の記述
のうち、最も適切なものはどれか。
1）TCFD とは、銀行や保険会社、資産管理会社、大手非金融企業、
信用格付機関など世界中の幅広い経済部門と金融市場のメンバーに
よって構成された民間主導の組織である。
2）TCFD が2017年に公表した最終報告書では、企業等に対して、ガ
バナンス、戦略、リスク管理、設備投資、指標と目標の５項目につ
いて、自社への財務的影響のある気候関連情報を開示することを推
奨している。
3）環境省は、企業が TCFD 提言に基づく情報開示を進めることで、
投資家などがそうした取組みに資金を提供し、リターンを得ていく
という「環境と成長の好循環」の実現を目指していくための手引と
もいえる「TCFD ガイダンス」を策定した。

・解説と解答・

　金融システムの安定化を図る国際的組織である金融安定理事会（FSB）が、
G20からの要請を受けて2015年に設置した組織が「気候関連財務情報開示タス
クフォース（TCFD）」であり、銀行や保険会社、資産管理会社、大手非金融
企業、信用格付機関など世界中の幅広い経済部門と金融市場のメンバーによっ
て構成された民間主導の組織である。
　TCFD は、気候変動に対する企業の取組みに係る情報開示について、2017
年６月に提言をまとめた最終報告書を公表している。同報告書では、企業に対
して、ガバナンス、戦略、リスク管理、指標・目標の４項目について、自社へ
の財務的影響のある気候関連情報を開示するよう勧めている。
1）適切である。
2）不適切である。同報告書では、企業に対して、ガバナンス（気候関連リス
　ク・機会についての組織のガバナンス）、戦略（気候関連リスク・機会が
　もたらす事業・戦略、財務計画への実際の／潜在的影響（２℃以下シナリ
　オ等に照らした分析を含む））、リスク管理（気候関連リスクの識別・評
　価・管理方法）、指標と目標（気候関連リスク・機会を評価・管理する際
　の指標とその目標）の４項目について、自社への財務的影響のある気候関

連情報を開示するよう勧めている。

3）不適切である。「TCFD ガイダンス」を策定したのは、環境省ではなく、経済産業省である。

　経済産業省は、グリーンファイナンスと企業の情報開示のあり方に関する「TCFD 研究会」を立ち上げ、「環境と成長の好循環」の実現に向けて、気候変動対策に積極的に取り組む企業に資金が供給されることが重要であるとし、「TCFD ガイダンス」を策定している。

　また、世界的に TCFD 開示とその活用が進むなか、民間主導で設立された「TCFD コンソーシアム」は、TCFD ガイダンスの改訂を引き継ぎ、最新の国内外の知見・動向を踏まえた解説、業種別ガイダンスおよび事例集を拡充した「TCFD ガイダンス2.0」を2020年7月31日に公表している。さらに、気候関連情報開示に関する最先端の動向を反映する形で2022年10月5日に「TCFD ガイダンス3.0」を公表した。

　なお、環境省では、企業が TCFD の報告書に沿ったシナリオ分析を円滑に実践できるようにするため、「TCFD を活用した経営戦略立案のススメ～気候関連リスク・機会を織り込むシナリオ分析実践ガイド ver.3.0～」を作成・改定している。

正解　1）

2－11　カーボンフットプリント

《問》カーボンフットプリントについて説明した以下の文章の空欄①、②
にあてはまる語句の組合せとして、次のうち最も適切なものはどれ
か。

> 　CFP（カーボンフットプリント）とは、Carbon Footprint of
> Products の略称で、商品やサービスの（　①　）から廃棄・リ
> サイクルに至るまでのライフサイクル全体を通して排出される温室効
> 果ガスの排出量を CO_2 に換算して、商品やサービスに分かりやすく
> 表示する仕組みである。LCA（ライフサイクルアセスメント）手
> 法を活用し、環境負荷を定量的に算定する。
> 　事業者と消費者の間で CO_2 排出量削減行動に関する「気づき」を
> 共有し、「見える化」された情報を用いて、事業者が（　②　）を
> 構成する企業間で協力して更なる CO_2 排出量削減を推進すること、
> 「見える化」された情報を用いて、消費者がより低炭素な消費生活
> へ自ら変革していくことを目指す。

1）①原材料調達　　　②サプライチェーン
2）①生産・提供　　　②サプライチェーン
3）①原材料調達　　　②バリューチェーン

●解説と解答●

　CFP（カーボンフットプリント）とは、Carbon Footprint of Products の略
称で、商品やサービスの（①原材料調達）から廃棄・リサイクルに至るまでの
ライフサイクル全体を通して排出される温室効果ガスの排出量を CO_2 に換算し
て、商品やサービスに分かりやすく表示する仕組みである。LCA（ライフサ
イクルアセスメント）手法を活用し、環境負荷を定量的に算定する。

　事業者と消費者の間で CO_2 排出量削減行動に関する「気づき」を共有し、
「見える化」された情報を用いて、事業者が（②サプライチェーン）を構成す
る企業間で協力して更なる CO_2 排出量削減を推進すること、「見える化」され
た情報を用いて、消費者がより低炭素な消費生活へ自ら変革していくことを目
指す。

正解　1）

2 −12　J-クレジット制度

《問》「J-クレジット制度」について説明した以下の文章の空欄①、②に
あてはまる語句の組合せとして、次のうち最も適切なものはどれ
か。

「J-クレジット制度」とは、省エネルギー設備の導入や再生可能
エネルギーの利用による CO_2 等の排出削減量や、適切な森林管理に
よる CO_2 等の吸収量を、クレジットとして（　①　）が認証する制
度である。創出されたクレジットを活用することにより、低炭素投
資を促進し、日本の温室効果ガス排出削減量の拡大につなげてい
る。

J-クレジット制度を活用することで、J-クレジット創出者は
「（　②　）コストの低減」「クレジット売却益の享受」「地球温暖化
対策への取組みに対する PR 効果」などが期待でき、J-クレジット
購入者は「環境貢献企業としての PR 効果」「製品・サービスの差
別化」「企業評価の向上」などが期待できる。

また、J-クレジット創出者および J-クレジット購入者の両者に
共通して「新たなネットワークの構築」につながることも魅力の 1
つである。

1）①国　　　　　　②イニシャル
2）①国　　　　　　②ランニング
3）①都道府県　　　②イニシャル

・解説と解答・

「J-クレジット制度」とは、省エネルギー設備の導入や再生可能エネルギー
の利用による CO_2 等の排出削減量や、適切な森林管理による CO_2 等の吸収量
を、クレジットとして（①国）が認証する制度である。創出されたクレジット
を活用することにより、低炭素投資を促進し、日本の温室効果ガス排出削減量
の拡大につなげている。

J-クレジット制度を活用することで、J-クレジット創出者は「（②ランニン
グ）コストの低減」「クレジット売却益の享受」「地球温暖化対策への取組みに
対する PR 効果」などが期待でき、J-クレジット購入者は「環境貢献企業とし

ての PR 効果」「製品・サービスの差別化」「企業評価の向上」などが期待できる。

　また、J-クレジット創出者および J-クレジット購入者の両者に共通して「新たなネットワークの構築」につながることも魅力の1つである。

　なお、本制度により創出されたクレジットは、2021年11月に策定された「経団連カーボンニュートラル行動計画」の目標達成やカーボン・オフセットなど、さまざまな用途に活用できる。

　したがって、2）が適切である。

正解　2）

《産業界とカーボンニュートラル》

　経団連は、以前より「低炭素社会実行計画」に取り組み、排出削減を進めてきたが、2050年カーボンニュートラルの実現に対する世界の関心と期待がより一層高まるなか、その実現を今後目指すべき最も重要なゴールと新たに位置付け、実行計画を「経団連カーボンニュートラル行動計画」として、強力に推進することにしたものである。

　また、2022年10月に設立した脱炭素化支援機構（JICN）は、脱炭素に役立つ幅広い分野・形態の事業に対して、出資、メザニンファイナンス（優先株、劣後ローン、劣後債）など資金供給する官民ファンドである。2050年カーボンニュートラルの実現に向けて、脱炭素に資する多様な事業への投融資（リスクマネー供給）を行い、脱炭素に必要な資金の流れを太く、速くし、経済社会の発展や地方創生への貢献、知見の集積や人材育成など、新たな価値の創造に貢献することを目的としている。

2−13　CSR/CSV

《問》企業の社会的責任等について説明した以下の文章の空欄①、②にあてはまる語句の組合せとして、次のうち最も適切なものはどれか。

　（　①　）とは、企業が社会や環境と共存し、持続可能な成長を図るため、その活動の影響について責任をとる企業行動であり、企業を取り巻くさまざまなステークホルダーからの信頼を得るための企業のあり方を指す。(①) と似た概念として、米国経営学者のマイケル・ポーターが提唱した（　②　）がある。

　どちらも、広義には「社会に対する責任や活動」を指すが、(①) が、コンプライアンスや社会貢献的活動など、各企業が「倫理的な観点での事業活動」を通じて自主的に社会に対する責任や活動を行うものであるのに対し、(②) は、各企業が事業を営む地域社会や経済環境を改善しながら自らの事業の競争力を高め、「企業の事業」を通じて社会と共有の価値を創造することで、社会に対する責任や活動を行うものと言える。

1）①CSR　　　②ESG
2）①CSR　　　②CSV
3）①CSV　　　②CSR

・解説と解答・

　(①CSR（企業の社会的責任)) とは、企業が社会や環境と共存し、持続可能な成長を図るため、その活動の影響について責任をとる企業行動であり、企業を取り巻くさまざまなステークホルダーからの信頼を得るための企業のあり方を指す。(①CSR) と似た概念として、米国経営学者のマイケル・ポーターが提唱した（②CSV（共有価値の創造、共通価値の創造)) がある。

　どちらも、広義には「社会に対する責任や活動」を指すが、(①CSR) が、コンプライアンスや社会貢献的活動など、各企業が「倫理的な観点での事業活動」を通じて自主的に社会に対する責任や活動を行うものであるのに対し、(②CSV) は、各企業が事業を営む地域社会や経済環境を改善しながら自らの事業の競争力を高め、「企業の事業」を通じて社会と共有の価値を創造することで、社会に対する責任や活動を行うものと言える。

　なお、CSV の考え方について、マイケル・ポーターは「製品と市場を見直す」「バリューチェーンの生産性を再定義する」「企業が拠点を置く地域を支援する産業クラスター（特定分野における関連企業、専門性の高い供給業者、サービス提供者、関連業界に属する企業、関連機関が地理的に集中し、競争しつつ同時に協力している状態）をつくる」という３つのアプローチがあるとしている。

　したがって、２）が適切である。

<u>正解　２）</u>

2 －14　温室効果ガス排出量の算定・報告・公表制度

《問》環境省「温室効果ガス排出量の算定・報告・公表制度」における温
　　室効果ガスの排出量の算定の流れについて説明した以下の文章の空
　　欄①、②にあてはまる語句の組合せとして、次のうち最も適切なも
　　のはどれか。

　　　温室効果ガス排出量算定の流れとしては、「１．排出活動の抽
　　出：温室効果ガスごとに定めた当該温室効果ガスを排出する活動の
　　うち、事業者が行っている活動を抽出」「２．活動ごとの排出量の
　　算定：抽出した活動ごとに、（　①　）で定められている算定方
　　法・排出係数を用いて排出量を算定」「３．排出量の合計値の算定」
　　「４．排出量の（　②　）換算値の算定：温室効果ガスごとの排出
　　量を（②）の単位に換算」となっている。

1）①政省令　　　　　②CO_2
2）①各自治体　　　　②CO_2
3）①各自治体　　　　②エネルギー

・解説と解答・

　「地球温暖化対策の推進に関する法律（温対法）」に基づき、2006（平成18）
年４月１日から、温室効果ガスを多量に排出する者（特定排出者）に、自らの
温室効果ガスの排出量を算定し、国に報告することが義務付けられ、国は報告
された情報を集計し、公表することとされている。
　温室効果ガス排出量算定の流れとしては、「１．排出活動の抽出：温室効果
ガスごとに定めた当該温室効果ガスを排出する活動のうち、事業者が行ってい
る活動を抽出」「２．活動ごとの排出量の算定：抽出した活動ごとに、（①政省
令）で定められている算定方法・排出係数を用いて排出量を算定」「３．排出
量の合計値の算定」「４．排出量の（②CO_2）換算値の算定：温室効果ガスご
との排出量を（②CO_2）の単位に換算」となっている。
　なお、「温室効果ガス排出量（tCO_2）＝温室効果ガス排出量（t ガス）×地球
温暖化係数（GWP）」で示されるが、GWP（Global Warming Potential）と
は、「温室効果ガスごとの地球温暖化をもたらす程度のCO_2との比」である。

正解　1）

2－15　ジャパン SDGs アワード

《問》「ジャパン SDGs アワード」について説明した以下の文章の空欄
①、②にあてはまる語句の組合せとして、次のうち最も適切なもの
はどれか。

　「ジャパン SDGs アワード」は、SDGs 達成に向けた企業・団体
等の取組みを促し、オールジャパンの取組みを推進するために2017
年6月の第3回 SDGs 推進本部において創設が決定された、外務省
による表彰制度である。
　SDGs 達成に資する優れた取組みを行っている企業・団体等（日
本国内に拠点を有する企業・団体等に（　①　））を、SDGs 推進
本部として表彰するもので、NGO・NPO、有識者、民間セクター、
国際機関等の広範な関係者が集まる SDGs 推進円卓会議構成員から
なる選考委員会の意見を踏まえて決定される。「SDGs（　②　）」
における実施原則（主要原則：普遍性、包摂性、参画型、統合性、
透明性と説明責任）に、第6回（2022年度）からは、「変革性」「連
帯性と行動変容」を加えた7項目が本アワードの評価基準となって
いる。

1）①限る　　　　　　②実施指針
2）①限る　　　　　　②Compass
3）①限らない　　　　②Compass

・解説と解答・

　「ジャパン SDGs アワード」は、SDGs 達成に向けた企業・団体等の取組み
を促し、オールジャパンの取組みを推進するために2017年6月の第3回 SDGs
推進本部において創設が決定された、外務省による表彰制度である。
　SDGs 達成に資する優れた取組みを行っている企業・団体等（日本国内に拠
点を有する企業・団体等に（①限る））を、SDGs 推進本部として表彰するも
ので、NGO・NPO、有識者、民間セクター、国際機関等の広範な関係者が集
まる SDGs 推進円卓会議構成員から構成される選考委員会の意見を踏まえて決
定される。「SDGs（②実施指針)」における実施原則（主要原則：普遍性、包
摂性、参画型、統合性、透明性と説明責任）に、第6回（2022年度）からは、

「変革性」「連帯性と行動変容」を加えた7項目が、本アワードの評価基準となっている。

　表彰の対象は、日本国内に拠点を有する企業・団体等に限られ、公募により募集される。きわめて顕著な功績があったと認められる企業・団体等には、「SDGs 推進本部長（内閣総理大臣）賞」、特に顕著な功績があったと認められる企業・団体等には、「SDGs 推進副本部長（内閣官房長官および外務大臣）賞」、特筆すべき功績があったと認められる企業・団体等には、「特別賞」が授与される。

　また、第6回（2022年度）からは、SDGs の実現に向けた具体的な行動変容を促す観点から、前述のとおり新たな評価項目「変革性」「連帯性と行動変容」が追加された。

　なお、関係府省庁等主催の SDGs 関連表彰制度として、内閣府の「女性のチャレンジ賞」、国土交通省の「グリーンインフラ大賞」など、各種表彰制度がある。

　したがって、1）が適切である。

正解　1）

2－16　ISO14001

《問》国際標準化機構（ISO）が策定した「環境マネジメントシステム」
　　に関する認証規格「ISO14001」の認証取得の効果に関する次の記
　　述のうち、最も不適切なものはどれか。
1）取引要件（官公庁を除く）の達成
2）省エネルギー、省資源によるコスト削減
3）継続的な改善による企業価値の向上

・解説と解答・

　ISO14001とは、国際標準化機構（ISO）が策定した「環境マネジメントシステム」に関する認証規格で、「環境パフォーマンスの向上」「順守義務を満たすこと」「環境目標の達成」の3点を実現するための環境マネジメントシステムの要求事項を定めている。

　また、業種・業態を問わず、あらゆる組織がISO14001の認証を取得、利用することができるため、①「環境リスクの低減・回避」、②「省エネルギー省資源によるコスト削減」、③「法令順守（コンプライアンス）の推進」、④「重要業績評価指標（KPI）の管理」、⑤「継続的な改善による企業価値の向上」、⑥「海外企業を含む取引要件の達成」などの取得効果が期待できる。

1）不適切である。日本では、ISO14001の取得が官公庁案件の入札参加条件、
　　加点対象となっている場合がある。
2）適切である。
3）適切である。

正解　1）

2-17　ISO20400、ISO26000

> 《問》国際標準化機構（ISO）が策定した「ISO20400」「ISO26000」に
> 　関する次の記述のうち、最も適切なものはどれか。
> 　1）ISO26000は、国際標準化機構（ISO）が策定した「持続可能な調
> 　　　達」に関する国際規格で、ISO20400の内容のうち「調達サプライ
> 　　　チェーン」の部分を補完する内容となっている。
> 　2）ISO20400は、国際標準化機構（ISO）が策定した「持続可能な調
> 　　　達」に関する国際規格である。
> 　3）ISO26000は、要求事項を示した認証規格となっている。

●解説と解答●

1）不適切である。ISO26000は、国際標準化機構（ISO）が策定した「社会的
責任」に関する国際規格である。

　国や地域、組織規模などに関係なく、あらゆる組織で自主的に活用され
るよう作られた規定であるISO26000は、従来のISO規定にあるような
「要求事項」がない。ISO26000の提示する社会的責任の原則として、組織
統治、人権、労働慣行、環境、公正な事業慣行、消費者課題、コミュニテ
ィへの参画およびコミュニティの発展の7つがある。

2）適切である。ISO20400は、国際標準化機構（ISO）が策定した「持続可能
な調達」に関する国際規格である。

　「社会的責任」に関する国際規格がISO26000であり、その内容のうち
「調達サプライチェーン」の部分を補完する内容がISO20400である。企業
や団体が調達を通じて持続可能な開発に寄与するための指針を示すものと
して位置付けられている。

3）不適切である。肢1）の解説参照。

正解　2）

2－18　ISO30414

> 《問》国際標準化機構（ISO）が策定した「ISO30414」等に関する次の
> 記述のうち、最も不適切なものはどれか。
> 1）人的資本は、国際的な（任意の）非財務情報開示の枠組みの中に含
> まれており、その枠組みの1つがISO30414である。
> 2）ISO30414は、国際標準化機構（ISO）が策定した、企業・組織にお
> ける人的資本の情報開示に特化した認証規格である。
> 3）2022年5月に改訂された「人的資本経営の実現に向けた検討会報告
> 書～人材版伊藤レポート2.0～」では、特に重要業績評価指標
> （KPI）の設定を重要視している。

・解説と解答・

　ISO30414は、国際標準化機構（ISO）が策定した、企業・組織における人的
資本の情報開示に特化した国際規格（ガイドライン）である。事業の種類、規
模、性質、複雑さだけでなく、公的、民間等も関係なく、すべての組織に適用
できるとしている。

　当該ガイドラインでは、①「コンプライアンスと倫理」、②「コスト」、③
「ダイバーシティ」、④「リーダーシップ」、⑤「企業（組織）文化」、⑥「労働
安全衛生、安全、福祉」、⑦「生産性」、⑧「採用、異動、離職」、⑨「スキル
と能力」、⑩「後継者育成（サクセッションプラン）」、⑪「労働力」の、11の
領域に関する指標を定めている。

1）適切である。デジタル化や脱炭素化、コロナ禍における人々の意識の変化
　　など、経営戦略と人材戦略の連動を難しくする経営環境の変化が顕在化す
　　るにつれ、非財務情報の中核に位置する人的資本が、実際の経営でも課題
　　としての重みを増してきている。

　　　以前から、海外では人的資本情報の開示に向けた機運が高まっていた
　　が、その傾向は継続しており、国内でも、2021年6月に改訂されたコー
　　ポレートガバナンス・コードにおいて、人的資本に関する記載が盛り込ま
　　れた。人的資本は、国際的な（任意の）非財務情報開示の枠組みの中に含
　　まれており、その枠組みの1つがISO30414である。

2）不適切である。認証規格ではなく、任意の国際規格（ガイドライン）であ
　　る。

3）適切である。2022年 5 月に改訂された「人的資本経営の実現に向けた検討会報告書～人材版伊藤レポート2.0～」では、人材に関する KPI に連動する役員報酬制度導入の検討についての記載をはじめ、会社の人材戦略に連動する KPI の重要性が強調されている。

<u>正解　　2 ）</u>

2-19 地方公共団体の取組み

《問》「地方創生 SDGs 登録・認証等制度」について説明した以下の文
　章の空欄①、②にあてはまる語句の組合せとして、最も適切なもの
　はどれか。

　地方公共団体の「地方創生 SDGs 登録・認証等制度」の制度構築
にあたっては、「（　①　）」「登録」「認証」の３つのモデルがある。
　「地方創生 SDGs（①）制度」は、制度構築において柔軟性が高
く、地域事業者等にとって比較的容易に参画可能な制度を想定して
おり、SDGs に関する取組みを行っている、またはこれから行うこ
とに意欲のある地域事業者等を対象とするものである。
　「地方創生 SDGs 登録制度」は、登録を目指す地域事業者等の取
組みについて、一定程度の確認が必要な制度を想定しており、既に
SDGs への取組みが進んでいる、または SDGs に関する取組みを更
に積極的に行うことに意欲のある地域事業者等を対象とするもので
ある。
　「地方創生 SDGs 認証制度」は、地域事業者等の認証取得や
（　②　）に係る審査等に一定の厳格さが求められ、客観的評価を
与えることが可能な制度を想定しており、既に SDGs への取組みが
進んでおり一定の成果が出ている、または成果を積極的に推進する
意欲のある地域事業者等を対象とするものである。

１）①宣言　　②更新
２）①宣言　　②辞退
３）①公表　　②更新

・解説と解答・

　地方公共団体の「地方創生 SDGs 登録・認証等制度」の制度構築にあたって
は、「（①宣言）」「登録」「認証」の３つのモデルがある。
　「地方創生 SDGs（①宣言）制度」は、制度構築において柔軟性が高く、地
域事業者等にとって比較的容易に参画可能な制度を想定しており、SDGs に関
する取組みを行っている、またはこれから行うことに意欲のある地域事業者等
を対象とするものである。

　「地方創生 SDGs 登録制度」は、登録を目指す地域事業者等の取組みについて、一定程度の確認が必要な制度を想定しており、既に SDGs への取組みが進んでいる、または SDGs に関する取組みを更に積極的に行うことに意欲のある地域事業者等を対象とするものである。

　「地方創生 SDGs 認証制度」は、地域事業者等の認証取得や（②更新）に係る審査等に一定の厳格さが求められ、客観的評価を与えることが可能な制度を想定しており、既に SDGs への取組みが進んでおり一定の成果が出ている、または成果を積極的に推進する意欲のある地域事業者等を対象とするものである。

　したがって、1）が適切である。

__正解　1）__

《地方創生 SDGs 登録・認証等制度の構築・活用について》

　「登録・認証等制度」の構築により、企業の取組みが「見える化」されることで、地域金融機関等の企業支援の活性化や潜在的な投融資先の発掘につながり、さらに多くのステークホルダーの関心と関与を促すことで、地方創生 SDGs 金融を通じた自律的好循環の形成の加速化につながることが期待されている。

　なお、地方公共団体において、制度を構築するにあたっては以下のパターンが考えられ、地域における SDGs の取組状況および地域事業者等のニーズ等に応じた制度設計が求められる。

・「宣言」「登録」「認証」のなかから1つを選択して制度を構築

・「宣言」「登録」「認証」のなかから複数を選択して段階的な制度を構築

　上記のとおり段階的な制度を構築する場合は、これから SDGs に関する取組みを開始する地域事業者等は「宣言」制度を活用し、既に SDGs に関する取組みを進めている地域事業者等は「認証」取得を目指す等、地域事業者等の取組みレベル等に応じた制度の活用が想定される。

2−20　企業等の脱炭素化促進等に対する国の支援制度等

《問》企業等の脱炭素化促進等に対する国の支援制度等について説明した以下の文章の空欄①、②にあてはまる語句の組合せとして、次のうち最も適切なものはどれか。

　　例えば、カーボンニュートラル投資促進税制では、（　①　）の認定を受けたエネルギー利用環境負荷低減事業適応に関する計画に基づき、対象設備の取得または製作もしくは建設をし、国内事業の用に供した場合に、一定の要件を満たすことで、取得価額の50％の特別償却または5％もしくは10％の税額控除が適用できる。

　　中小企業等事業再構築促進事業では、グリーン分野での事業再構築を通じて高い成長を目指す事業者を対象に「グリーン（　②　）枠」の申請区分を設け、必要要件を満たせば、最大1.5億円の補助金を受けることができる。

　　また、独自に補助金等の支援制度を設けている自治体もあるので留意すべきである。

1）①産業競争力強化法　　　　　　　　②推進
2）①産業競争力強化法　　　　　　　　②成長
3）①地球温暖化対策の推進に関する法律　②成長

・解説と解答・

　例えば、カーボンニュートラル投資促進税制では、（①産業競争力強化法）の認定を受けたエネルギー利用環境負荷低減事業適応に関する計画に基づき、対象設備の取得または製作もしくは建設をし、国内事業の用に供した場合に、一定の要件を満たすことで、取得価額の50％の特別償却または5％もしくは10％の税額控除が適用できる。

　中小企業等事業再構築促進事業では、グリーン分野での事業再構築を通じて高い成長を目指す事業者を対象に「グリーン（②成長）枠」の申請区分を設け、必要要件を満たせば、最大1.5億円の補助金を受けることができる。

　また、独自に補助金等の支援制度を設けている自治体もあるので留意すべきである。

　したがって、2）が適切である。

<u>正解　2）</u>

2 −21　生物多様性

《問》生物多様性について説明した以下の文章の空欄①、②にあてはまる
　　語句等の組合せとして、次のうち最も適切なものはどれか。

> 　「生物多様性」とは、生き物たちの豊かな個性とつながりのこと
> であり、SDGs の視点で言えば、特に SDGs の目標14「海の豊かさ
> を守ろう」や目標15「陸の豊かさも守ろう」との関連性が深い。
> 　地球上の生き物は40億年という長い歴史のなかで、さまざまな環
> 境に適応して進化し、（　①　）万種とも言われる多様な生き物が
> 生まれた。これらの生命は１つひとつに個性があり、すべて直接
> 的、間接的に支え合って生きている。
> 　国連の「生物の多様性に関する条約（生物多様性条約）」では、
> （　②　）の多様性・種の多様性・遺伝子の多様性という３つのレ
> ベルで多様性があるとしている。

1 ）①3,000　　　②生態系
2 ）①3,000　　　②生息地
3 ）①5,000　　　②亜種・変種

・解説と解答・

　「生物多様性」とは、生き物たちの豊かな個性とつながりのことであり、
SDGs の視点で言えば、特に SDGs の目標14「海の豊かさを守ろう」や目標15
「陸の豊かさも守ろう」との関連性が深い。

　地球上の生き物は40億年という長い歴史のなかで、さまざまな環境に適応し
て進化し、（①3,000）万種とも言われる多様な生き物が生まれた。これらの生
命は１つひとつに個性があり、すべて直接的、間接的に支え合って生きてい
る。

　国連の「生物の多様性に関する条約（生物多様性条約）」では、（②生態系）
の多様性・種の多様性・遺伝子の多様性という３つのレベルで多様性があると
している。

　したがって、１）が適切である。

<u>正解　　1 ）</u>

《生物多様性の保全と持続可能な社会の実現》

　生物多様性や生態系は社会・経済の基礎であり、その保全は持続可能な社会を実現することと密接不可分と言える。このため、国内外の企業では、SDGsで示された社会課題をビジネスチャンスと捉え、経営戦略に取り込もうとする動きが始まっている。

　なお、2021年6月に発足した「自然関連財務情報開示タスクフォース（TNFD）」は、自然資本および生物多様性にかかるリスクや機会の適切な評価および開示の枠組みを構築する国際イニシアティブであり、世界の自然生態系全体に関連して企業や金融機関が受ける財務的影響や、それらへの対応についての開示を促す枠組みを公表することが予定されている。TNFDは、「気候関連財務情報開示タスクフォース（TCFD）」に続く市場主導の新たなイニシアティブである。

2 −22　気候変動リスク等に係る金融当局ネットワーク（NGFS）

《問》「気候変動リスク等に係る金融当局ネットワーク（NGFS：Net-work for Greening the Financial System）」について説明した以下の文章の空欄①、②にあてはまる語句等の組合せとして、次のうち最も適切なものはどれか。

> NGFS は、気候変動リスクへの金融監督上の対応を検討するために2017年12月に設立された、（　①　）・金融監督当局のネットワークである。NGFS への参加により、気候変動リスクへの金融監督上の対応について、国際的な議論の場で国内での検討に基づく建設的な提言を行うとともに、国内の課題への対応に国際的な議論の積み重ねを活用することができる。代表的な活動成果としては、気候変動リスクへの対応に関連した「（　②　）つの提言（2019年 4 月）」や「気候シナリオ（2020年、2021年、2022年、2023年）」の公表などがある。

1 ）①中央銀行　　　②4
2 ）①中央銀行　　　②6
3 ）①財務省　　　　②6

• 解説と解答 •

　「気候変動リスク等に係る金融当局ネットワーク（NGFS：Network for Greening the Financial System）」は、気候変動リスクへの金融監督上の対応を検討するために2017年12月に設立された、（①中央銀行）・金融監督当局のネットワークであり、日本からは日本銀行と金融庁が参画している。NGFS への参加により、気候変動リスクへの金融監督上の対応について、国際的な議論の場で国内での検討に基づく建設的な提言を行うとともに、国内の課題への対応に国際的な議論の積み重ねを活用することができる。NGFS の代表的な活動成果としては、気候変動リスクへの対応に関連した「（②6）つの提言（2019年 4 月）」や「気候シナリオ（中央銀行及び監督当局向け NGFS 気候シナリオ：2020年、2021年、2022年、2023年）」の公表などがある。

　したがって、2 ）が適切である。

正解　2 ）

2-23 地域循環共生圏

《問》地域循環共生圏の内容について説明した以下の文章の空欄①、②に
あてはまる語句等の組合せとして、次のうち最も適切なものはどれ
か。

地域循環共生圏とは、各地域が美しい自然景観等の地域資源を最
大限活用しながら自立・分散型の社会を形成しつつ、地域の特性に
応じて資源を補完し支え合うことにより、地域の活力が最大限に発
揮されることを目指す考え方であり、2018年4月に閣議決定された
（　①　）で提唱された。
農山漁村も都市も活かす、日本の地域の活力を最大限に発揮する
構想であり、その創造により「SDGs」や「Society（　②　）（サ
イバー空間（仮想空間）とフィジカル空間（現実空間）を高度に融
合させたシステムにより、経済発展と社会的課題の解決を両立す
る、人間中心の社会（Society））」の実現にもつながるとされてい
る。

1）①第五次環境基本計画　　②5.0
2）①第五次環境基本計画　　②4.0
3）①ESG金融懇談会提言　　②5.0

・解説と解答・

地域循環共生圏とは、各地域が美しい自然景観等の地域資源を最大限活用し
ながら自立・分散型の社会を形成しつつ、地域の特性に応じて資源を補完し支
え合うことにより、地域の活力が最大限に発揮されることを目指す考え方であ
り、2018年4月に閣議決定された（①第五次環境基本計画）で提唱された。
農山漁村も都市も活かす、日本の地域の活力を最大限に発揮する構想であ
り、その創造により「SDGs」や「Society（②5.0）（サイバー空間（仮想空
間）とフィジカル空間（現実空間）を高度に融合させたシステムにより、経済
発展と社会的課題の解決を両立する、人間中心の社会（Society））」の実現に
もつながるとされている。
なお、地域循環共生圏は、地域で環境・社会・経済の課題を同時に解決する
事業を生み出していくことから、「ローカルSDGs」とも呼ばれている。

　また、「自立分散（オーナーシップ）」「相互連携（ネットワーク）」「循環・共生（サステナブル）」の 3 つのポイントの組合せにより、活力あふれる地域循環共生圏が具現化されるとしている。

　したがって、1 ）が適切である。

<u>正解　1 ）</u>

2－24　環境に係る課題①

《問》環境に係る課題である森林の減少に関する次の記述のうち、最も不適切なものはどれか。

1）国連食糧農業機関（FAO）の「世界森林資源評価2020」によると、2010年から2020年までの期間において、年平均470万ヘクタールの森林が減少している。

2）森林の減少は、温室効果ガスの排出原因の約3割を占めるといわれている。

3）森林減少の要因として、木材としての伐採のほか、パーム油、大豆、天然ゴムなどの農地転換がある。

・解説と解答・

1）適切である。森林の減少速度は、2000年から2010年までの期間では年平均520万ヘクタールであったが、2010年から2020年までの期間では年平均470万ヘクタールに低下した。

2）不適切である。気候変動に関する政府間パネル（IPCC）によると、温室効果ガスの排出原因の1割から2割を占めるといわれている。

3）適切である。例えば、パーム油は、植物油脂やショートニングとして食品や化粧品に幅広く使用されており、日本企業にも密接にかかわる事項である。

　　また、森林の農地転換は、その森林で伝統的な暮らしを営んできた先住民が所有権を認められず、生活圏を奪われ、プランテーションで事実上の強制労働や児童労働が行われるといった人権問題にもかかわる可能性がある。

正解　2）

2 −25　環境に係る課題②

> 《問》環境に係る課題である水産業に関する次の記述のうち、最も不適切
> なものはどれか。
> 1) 国連食糧農業機関（FAO）の「世界漁業・養殖業白書2022」によ
> ると、2019年時点で世界の漁場のうち約25％が過剰漁獲の状況とさ
> れている。
> 2) 水産物の養殖は、天然資源の減少を補う効果がある一方で、養殖場
> のある海を汚染する問題に加え、大量の抗生物質が使用されること
> から、薬剤耐性菌を生むリスクもある。
> 3) 東南アジアの漁船では深刻な人権侵害が何度も報告されており、ま
> た、環境破壊や人権侵害もいとわない違法操業の漁船もあり、企業
> がこれらに関わってしまうことで、レピュテーションリスクを生じ
> る可能性がある。

・解説と解答・

1) 不適切である。同白書によると、2019年時点で世界の漁場のうち35.4％が
過剰漁獲の状況とされている。

2) 適切である。養殖においては、畜産と同様に薬剤耐性菌を生むリスクがあ
る。

3) 適切である。水産とかかわる食品企業、小売業等は、まず水産品に関する
責任ある調達方針を定めることが重要となる。また、サプライチェーンの
トレーサビリティを確保し、場合によっては現地調査などの対策も必要に
なる。

　　なお、レピュテーションリスクとは、企業に対するマイナスの評価・評
判が広まることによる経営リスクである。

<u>正解　1)</u>

2－26　日本版持続可能な観光ガイドライン

《問》観光庁が定めた「日本版持続可能な観光ガイドライン（JSTS-
D）」（2020年6月）について説明した以下の文章の空欄①、②にあ
てはまる語句の組合せとして、次のうち最も適切なものはどれか。

> 「日本版持続可能な観光ガイドライン（JSTS-D）」は、各地方自
> 治体や観光地域づくり法人（DMO）等が活用することにより、地
> 域での多面的な現状把握を可能にし、継続的な（　①　）と証拠資
> 料（エビデンス）に基づいた観光政策や計画の策定、それらに基づ
> く持続可能な観光地マネジメントの促進を目的とするものである。
> 　同ガイドラインは、「自己分析ツール（観光政策の決定、観光計
> 画の策定に資するガイドラインとして活用)」「（　②　）ツール
> （地域が一体となって持続可能な観光地域づくりに取り組む契機
> に)」「プロモーションツール（観光地域としてのブランド化、国際
> 競争力の向上)」の3つの役割を果たすとされている。

1 ）①モニタリング　　　　②トレーニング
2 ）①モニタリング　　　　②コミュニケーション
3 ）①ディスカッション　　②コミュニケーション

●解説と解答●

　「日本版持続可能な観光ガイドライン（JSTS-D）」は、各地方自治体や観光
地域づくり法人（DMO）等が活用することにより、地域での多面的な現状把
握を可能にし、継続的な（①モニタリング）と証拠資料（エビデンス）に基づ
いた観光政策や計画の策定、それらに基づく持続可能な観光地マネジメントの
促進を目的とするものである。

　同ガイドラインは、「自己分析ツール（観光政策の決定、観光計画の策定に
資するガイドラインとして活用)」「（②コミュニケーション）ツール（地域が
一体となって持続可能な観光地域づくりに取り組む契機に)」「プロモーション
ツール（観光地域としてのブランド化、国際競争力の向上)」の3つの役割を
果たすとされている。

　したがって、2 ）が適切である。

正解　2 ）

《SDGs と観光》

　SDGs においては、経済成長と雇用に関する「目標 8 」、消費と生産に関する「目標12」、海洋資源に関する「目標14」の 3 つの目標に、観光の役割が明記されたターゲットが設定されている。

　加えて、国連世界観光機関（UNWTO）においても、「すべての目標に対して、観光は直接的、または間接的に貢献する力があり、持続可能な開発目標の達成に向けて、重要な役割を担っている」旨、宣言されている。

2-27　サーキュラーエコノミー

《問》サーキュラーエコノミー（循環経済）について説明した以下の文章の空欄①、②にあてはまる語句の組合せとして、次のうち最も適切なものはどれか。

　大量生産・大量消費型の経済社会活動は、大量廃棄型の社会を形成し、健全な物質循環を阻害するほか、気候変動問題、（　①　）、大規模な資源採取による生物多様性の破壊など、さまざまな環境問題にも密接に関係している。資源・エネルギーや食糧需要の増大や廃棄物発生量の増加が（　②　）で深刻化しており、一方通行の経済社会活動から、持続可能な形で資源を利用する「サーキュラーエコノミー（循環経済）」への移行を目指すことが世界の潮流となっている。

1) ①天然資源の枯渇　　　　②世界全体
2) ①天然資源の枯渇　　　　②主に新興国
3) ①第1次産業従事者の減少　②世界全体

・解説と解答・

　大量生産・大量消費型の経済社会活動は、大量廃棄型の社会を形成し、健全な物質循環を阻害するほか、気候変動問題、（①天然資源の枯渇）、大規模な資源採取による生物多様性の破壊など、さまざまな環境問題にも密接に関係している。資源・エネルギーや食糧需要の増大や廃棄物発生量の増加が（②世界全体）で深刻化しており、一方通行の経済社会活動から、持続可能な形で資源を利用する「サーキュラーエコノミー（循環経済）」への移行を目指すことが世界の潮流となっている。

　サーキュラーエコノミー（循環経済）とは、従来の3R（Reduce（リデュース：発生抑制）、Reuse（リユース：再使用）、Recycle（リサイクル：再生利用・再資源化））の取組みに加え、資源投入量・消費量を抑えつつ、ストックを有効活用しながら、サービス化等を通じて付加価値を生み出す経済活動であり、資源・製品の価値の最大化、資源消費の最小化、廃棄物の発生抑止等を目指すものである。

　したがって、1) が適切である。　　　　　　　　　　　正解　1)

2－28　エシカル消費

《問》エシカル消費（倫理的消費）について説明した以下の文章の空欄
①、②にあてはまる語句等の組合せとして、次のうち最も適切なも
のはどれか。

> エシカル消費とは、消費者それぞれが各自にとっての社会的課題
> の解決を考慮したり、そうした課題に取り組む事業者を応援したり
> しながら消費活動を行うことを言い、SDGs の17の目標のうち、特
> に「目標（　①　）」に関連する取組みである。
> 　エシカル消費の具体的な商品例として、障がい者支援につながる
> 商品や（　②　）付きの商品、リサイクル製品、資源保護等に関す
> る認証がある商品、被災地産品などが挙げられる。

1）①11　　　②寄付
2）①12　　　②懸賞
3）①12　　　②寄付

解説と解答

　エシカル消費とは、消費者それぞれが各自にとっての社会的課題の解決を考慮したり、そうした課題に取り組む事業者を応援したりしながら消費活動を行うことを言い、SDGs の17の目標のうち、特に「目標（①12）（つくる責任つかう責任）」に関連する取組みである。

　エシカル消費の具体的な商品例として、障がい者支援につながる商品や（②寄付）付きの商品、リサイクル製品、資源保護等に関する認証がある商品、被災地産品などが挙げられる。

　持続可能な社会の形成には、事業者・行政に加え消費者の認識と行動も不可欠であり、エシカル消費は「あなたの消費が世界の未来を変える」可能性を秘めていると言える。

　したがって、3）が適切である。

正解　3）

2-29 SDGs ロゴ①

《問》「SDGs ロゴ・バージョン 2 、SDGs カラーホイールおよび17の
SDGs アイコン」（以下、「SDGs ロゴ等」という）に関する次の
記述のうち、最も適切なものはどれか。

1）情報提供を目的とする使用に限り、SDGs カラーホイールと自社の
ロゴを統合等することにより、新しいロゴ・デザインを作成し、使
用することが認められている。

2）「（自社名／私たち）は持続可能な開発目標（SDGs）を支援してい
ます」という文言を添えるなど、一定の要件を満たすことで、自社
のロゴと SDGs カラーホイールまたは国連エンブレムのない SDGs
ロゴ・バージョン 2 を並べて表示することは認められている。

3）会議やセミナー等で SDGs ロゴ等を用いる場合、参加費の有無にか
かわらず、国連による事前許可は不要である。

・解説と解答・

1）不適切である。国連システム以外の主体は、SDGs カラーホイールまたは
その要素を、当該主体のロゴなど別のロゴ・デザインに統合したり、
SDGs カラーホイール自体の変形や色の変更、各要素の大きさ・位置の変
更等をしたりすることは認められていない。

　なお、SDGs カラーホイールと国連システム以外の主体のロゴを並べて
表示することは、一定の要件の下、認められている。

2）適切である。SDGs カラーホイールおよび国連エンブレムのない SDGs ロ
ゴ・バージョン 2 に、それぞれ選択肢の文言を添えるなど、一定の要件を
満たすことにより、国連システム以外の主体のロゴと並べて表示すること
が認められている。

3）不適切である。参加費が発生する会議やセミナー等の資料（招待状、チラ
シ、バナー、ポスターなど）での SDGs ロゴ等の使用には、国連による事
前許可が必要である。

<u>正解　2）</u>

2−30　SDGs ロゴ②

《問》「SDGs ロゴ・バージョン 1、SDGs ロゴ・バージョン 2、
SDGs カラーホイールおよび17の SDGs アイコン」（以下、
「SDGs ロゴ等」という）に関する次の記述のうち、最も不適切な
ものはどれか。
1 ）SDGs ロゴ・バージョン 1 は、国連の部局、基金、計画、ならびに
国連システムのその他の補助機関および組織のみが使用できる。
2 ）国連が一般的または特定的な通知により別途連絡しない限り、
SDGs ロゴ等は、SDGs に関する刊行物等を除き、2030年12月31日
まで使用できる。
3 ）国連は、SDGs ロゴ等の資金調達目的または商業用途での使用を含
め、国連システム以外の主体の活動について、監督責任を負う。

・解説と解答・

1 ）適切である。SDGs ロゴ・バージョン 1 は、SDGs ロゴの上または左に国
連エンブレムをあしらったものであり、SDGs ロゴ・バージョン 2 は、 1
から国連エンブレムを除いたものである。なお、17の SDGs アイコンは、
全体としても個別アイコンとしても使用できる。
　　各アイコンは、数字、タイトルおよびグラフィック要素を含め、 1 つの
まとまりとして使用しなければならない。17の SDGs アイコンのうち 1 つ
または複数を、国連システム以外の主体のロゴとともに表示できる。
2 ）適切である。この期日は、持続可能な開発目標を達成すべき期限に一致す
る。SDGs ロゴ等は、SDGs に関する刊行物との関連であれば、2030年12
月31日以後も使用することができる。
3 ）不適切である。国連は、SDGs ロゴ等の資金調達目的または商業用途での
使用を含め、国連システム以外の主体の活動について、いかなる責任も負
わない。
　　また、資金調達や商業用途で SDGs ロゴ等を用いる場合には、必ず国連
による事前許可と適切なライセンス契約の締結が必要である。
　　一方、情報目的での使用や、プレゼンテーションや社内報、非財務報告
または年次報告その他、自社の SDGs 関連活動や SDGs に対する支援を表
すための会社資料など、主に事例を示すことを目的とする用途について

は、国連による事前許可とライセンス契約の締結は必要ない。

　なお、SDGs のロゴとアイコンは、常に国連の SDGs ロゴ等の使用ガイ
ドラインに従って使用する必要がある。

<u>正解　3）</u>

第 3 章

SDGs 経営の実践

3 - 1　SDGs 実施指針等①

《問》SDGs 推進本部が定めた「SDGs 実施指針」（平成28年12月22日決定、令和元年12月20日および令和5年12月19日一部決定）における世界と日本の現状に関する次の記述のうち、最も適切なものはどれか。

1) 国連は、SDGs の達成に向けた現状について、「取組みは一部遅れが見られるものの全体としては順調に進展しており、SDGs のターゲットのうち、進捗が順調なものは50％程度である」との認識を示している。

2) 経済協力開発機構（OECD）が発表した2022年版の報告書では、日本の SDGs の達成に向けた現状について、OECD 平均と比較して「ジェンダー（目標5）」「不平等（目標10）」等の取組みは進展しているとされている

3) 政府の体制として、SDGs 実施の分野横断的・省庁横断的性格にかんがみ、内閣総理大臣を本部長、官房長官および外務大臣を副本部長、全閣僚を構成員とする推進本部が引き続き SDGs の主流化および推進の司令塔の役割を果たすとしている。

・解説と解答・

1) 不適切である。国連事務総長は、2023年9月開催の SDG サミットにおいて、「SDGs のターゲットのうち、進捗が順調なものは約15％に過ぎず、半分近くは不十分、約30％は停滞・後退しており、2030年までの SDGs 達成に向けた国際社会の歩みが危機的状況にある」旨、強調した。

　また、同サミットにおいて発表された「持続可能な開発に関するグローバル報告書（GSDR2023）」においても、同様に厳しい認識が示されている。

2) 不適切である。経済協力開発機構（OECD）が発表した2022年版の報告書においては、日本の SDGs の達成に向けた現状について、OECD 平均と比較して「経済成長・雇用（目標8）」「インフラ、産業化、イノベーション（目標9）」等で進展がある一方で、「ジェンダー（目標5）」「不平等（目標10)」等で課題がある旨、指摘されている。

3) 適切である。推進本部は、SDGs 推進本部幹事会、SDGs 推進円卓会議等

の関連会合をより一層積極的に活用しつつ、実施指針の取組状況の確認（モニタリング）と見直し（中長期的な観点からのフォローアップとレビュー）、実施指針に基づくアクションプランの策定、見直し、実効性の評価などに取り組んでいく方針。

　さらに、今後は省庁間や国と自治体の壁だけでなく、公共セクターと民間セクターの垣根も越えた形で、広範なステークホルダーとの連携を推進することが必要であるとしている。

　また、ビジネス分野における SDGs の推進体制については、それぞれの企業が経営戦略の中に SDGs を据え、個々の事業戦略に落とし込むことで、持続的な企業成長を図ることが重要である、ジェンダー平等および女性のエンパワーメント（権限移譲）のために、包摂的かつ公正な労働市場を促進する、などとしている。

正解　3）

3－2　SDGs 実施指針等②

《問》SDGs 推進本部が定めた「SDGs アクションプラン2023」（令和
　　5年3月）の重点事項に関する次の記述のうち、最も不適切なもの
　　はどれか。
　1）「成長市場の創出、地域活性化、科学技術イノベーション」として、
　　　デジタル田園都市国家構想実現のため、各地域において、市民や事
　　　業者などさまざまな関係者の協力の下、医療や交通などの複数の生
　　　活サービスを連携して大多数の共通ニーズに沿った新たなサービス
　　　を創出し、地域幸福度の向上を図るための基盤を整備するとしてい
　　　る。
　2）「あらゆる人々が活躍する社会・ジェンダー平等の実現」として、
　　　「ビジネスと人権」に関する行動計画の着実な実施を通じ、企業に
　　　対し「ビジネスと人権」に関する認識を高め、日本企業の人権デュ
　　　ー・ディリジェンス推進に向けて取り組むとしている。
　3）「省・再生可能エネルギー、防災・気候変動対策、循環型社会」と
　　　して、次世代型太陽電池、カーボンリサイクルを始めとした、革新
　　　的なイノベーションが鍵となるところ、実用化を見据えた研究開発
　　　を加速度的に促進するとともに、世界のグリーン産業を牽引し、
　　　ESG 投資の拡大も推進しながら、経済と環境の好循環を作り出し
　　　ていくとしている。

・解説と解答・

　1）不適切である。「成長市場の創出、地域活性化、科学技術イノベーション」
　　　として、デジタル田園都市国家構想実現のため、各地域において、市民や
　　　事業者などさまざまな関係者の協力の下、医療や交通などの複数の生活サ
　　　ービスを連携して個々人のニーズにあった新たなサービスを創出し、地域
　　　幸福度の向上を図るための基盤を整備するとしている。
　　　　また、国内外の社会課題解決やイノベーションを促すため、ネットワー
　　　ク構築、ビジネスマッチングなど、日本企業と海外スタートアップ等との
　　　オープンイノベーションや若手研究者等によるビジネスシーズ創出を推進
　　　するなどとしている。
　2）適切である。日本企業進出先国の政府による責任ある企業行動実現に向け

た取組みを促進し、グローバル・サプライチェーンにおける労働者のディーセント・ワークの実現を支援する。

　また、関係府省庁間で連携しこれらの事業を実施することを通じて、「ビジネスと人権」に関する関係府省庁の政策の一貫性を確保するとともに、責任ある企業行動の促進を図り、国際社会を含む社会全体の人権の保護・促進に貢献し、日本企業の企業価値と国際競争力の向上およびSDGs達成への貢献を図るとしている。

3）適切である。「省・再生可能エネルギー、防災、気候変動対策、循環型社会」として、設問文の内容のほか、「食品ロス量を2030年までに2000年度比で半減となる489万トンまで低減することを目標に、持続可能な生産・消費を促進していく」等を重点事項として取り組むとしている。

正解　1）

3 - 3　SDGs 経営の実践／重要課題の特定

《問》経済産業省「SDGs 経営ガイド」(2019年5月)の内容に関する次の記述のうち、最も適切なものはどれか。

1) 企業が SDGs 経営を実践するにあたり、企業は SDGs の17の目標(ゴール)すべてを追求すべきとされており、該当する事業がない場合は、新規事業を立ち上げる必要があるとしている。

2) 企業が SDGs 経営を実践するにあたり、特定した自社の重要課題(マテリアリティ)に対して関連の深い目標(ゴール)を見定め、結果的に複数の目標(ゴール)に取り組むことにつなげるべきであるとしている。

3) 企業が SDGs 経営を実践するにあたり、社員のモチベーション向上を図るためには、17の目標(ゴール)のうち自社事業との親和性が認められない目標(ゴール)に対して重要課題(マテリアリティ)を設定すべきであるとしている。

・解説と解答・

　「SDGs 経営ガイド」とは、2018年11月に経済産業省が立ち上げた「SDGs 経営／ ESG 投資研究会」において、日本を代表する企業の CEO や投資家、大学の長が、SDGs 経営や ESG 投資について議論を行った成果をまとめたものである。

1) 不適切である。企業が SDGs 経営を実践するにあたり、SDGs は、各企業に対して17の目標(ゴール)、169の達成基準(ターゲット)すべてに焦点を当てることを求めているわけではない。自社が取り組むべき重要課題(マテリアリティ)を特定し、関連の深い目標を見定め、自社の経営資源を重点的に投入することにより、結果として、自社の本業に即した効率的な SDGs への貢献をすべきとしている。また、これまで取り組まれてこなかった社会課題の解決には、新規事業の立ち上げや新たなイノベーションの発想は重要であるとしている。

2) 適切である。なお、企業がこの SDGs 経営を実践するには、短期的な視点ではなく長期的な視点を持つことや、経営者自身がコミットし、情報を発信していくことが重要であるとしている。

3) 不適切である。肢1)の解説参照。　　　　　　　　　　<u>正解　2)</u>

3－4　SDGs経営の実践／イノベーションの創発

《問》経済産業省「SDGs経営ガイド」（2019年5月）の内容に関する次の記述のうち、最も不適切なものはどれか。
1）SDGs経営を実践しようとする企業が、これまで見過ごされてきた社会課題を解決するために新規事業に取り組むにあたり、自社の技術だけで足りない場合は、オープンイノベーションの促進やベンチャー企業との連携などにより、イノベーションを「協創」していく発想が必要となるとしている。
2）SDGs経営を実践しようとする企業が、これまで見過ごされてきた社会課題を解決するために新規事業に取り組む場合は、経営者自身の関わりは最小限にとどめ、自由な発想を持つ新規事業の担当者に全面的な主導権を握らせるべきであるとしている。
3）会社本体から意思決定や評価制度を切り離した「出島組織」を立ち上げ、人材や資金を投入することは、イノベーションを促す1つの手法である。

●解説と解答●

1）適切である。
2）不適切である。社会課題を解決するための優れた事業アイデアも、経営者のコミットメントがなければ、推進力を得られず、形にならない。したがって、経営者には、可能性のある新たなチャレンジを見極めて、自らがその事業をリードしていく役割が求められる。
3）適切である。本体から離れた組織を作り、新規事業を推進する「出島組織」は以前から存在したが、最近では出島組織同士のつながりや出島組織の運営についてのノウハウ共有の場として「出島組織サミット」が2022年、2023年と長崎市で開催されたことなどの動向が注目される。

<u>正解　2）</u>

3－5　SDGs 経営の実践／科学的・論理的な検証・評価

《問》経済産業省「SDGs 経営ガイド」（2019年5月）の内容に関する次の記述のうち、最も不適切なものはどれか。
1）企業が SDGs 経営を実現するためには、自社の取組みが SDGs のどの目標の達成にどのように寄与するかについての多面的な検証が必要であるとされている。
2）投資家や評価機関等が企業等の SDGs や ESG に係る取組みを評価する場合は、科学的・論理的な視点による評価を行うことが重要であるが、評価機関の評価手法の「見える化」は期待されているものの、投資家の評価手法の「見える化」は期待されていない。
3）企業が SDGs 経営の一環として、これまで見過ごされてきた社会課題を解決するために新規事業に取り組むにあたり、当該事業に関連する重要な国際標準がある場合は、積極的にその国際標準に沿って取り組むべきである。

・解説と解答・

1）適切である。企業が真の SDGs 経営を実現するためには、印象論・感情論に流されない科学的・論理的な検証・評価が不可欠であり、データに基づくとどうか、ライフサイクルで考えるとどうか、代替オプションとの比較においてどうか、といった視点で自社の事業や取組みを俯瞰することがきわめて重要である。

　また、SDGs 経営に取り組む企業は、企業のあるべき姿を示す企業理念や存在意義を組織に根付かせ、それを確実に引き継ぐ仕組みを構築することで、経営者が変わったとしても長期的に取組みを継続し、価値を創造し続けることが望ましい。

2）不適切である。企業が真の SDGs 経営を実現するためには、印象論・感情論に流されることなく、自社の事業や取組みに対して、科学的・論理的な検証・評価を行うことが不可欠である。

　その一方で、投資家や評価機関等が企業の SDGs や ESG に係る取組みを評価する手法においても、科学的・論理的な視点による評価が求められている。

　また、その評価手法の「見える化」が進むことも期待されている。

3）適切である。企業が SDGs 経営の一環として、これまで見過ごされてきた
　　社会課題を解決するために新規事業に取り組むにあたり、その取組みが
　　SDGs 経営なのか、どの程度サステナブルなのか客観的に判断する基準が
　　なければ、投資家はその企業の取組みを評価することができない。
　　　したがって、企業が取り組む事業に関連する重要な国際標準等がある場
　　合は、積極的にその国際標準に沿って動くことが望ましい。
　　　また、まったく新しいカテゴリーの事業に取り組もうとする場合は、新
　　たな規格作りを行おうと積極的に働きかけることも重要である。

正解　2）

3－6　SDGs 経営の実践／価値創造ストーリーとしての発信

《問》経済産業省「SDGs 経営ガイド」（2019年5月）の内容に関する次
　の記述のうち、最も適切なものはどれか。
1）企業の SDGs に係る取組みは、個別の取組みとしてではなく、その
　　企業の「価値創造ストーリー」のなかに位置付けて発信する必要が
　　ある。その際、経済産業省の「価値協創ガイダンス」は有用な指針
　　となるとされている。
2）企業が、自社の SDGs に係る取組みを発信するにあたっては、2
　　年、3年といった短期のビジョンを示すことが特に重要である。
3）企業が、自社の SDGs に係る取組みを発信するにあたり、過去に
　　CSR 活動として行った事例をそのまま活用することが望ましいと
　　されている。

・解説と解答・

1）適切である。経済産業省の「価値協創のための統合的開示・対話ガイダン
　　ス（価値協創ガイダンス)」とは、企業と投資家をつなぐ共通言語として、
　　対話や情報開示のあり方のよりどころとなる枠組みである。
2）不適切である。企業が、自社の SDGs に係る取組みを発信するにあたり、
　　短期のビジョンのみならず、10年、20年といった長期のビジョンを示すこ
　　とが重要とされている。
3）不適切である。企業が、自社の SDGs に係る取組みを発信するにあたり、
　　過去の CSR 活動として語ってきた事例をそのまま使い回しているケース
　　が散見されるが、そのような話題をいくら IR で伝えたところで投資家の
　　関心を呼ぶことはないとされる。

正解　1）

3－7　脱炭素経営の取組みによるメリット

《問》環境省「中小規模事業者向けの脱炭素経営導入ハンドブック～これ
から脱炭素化へ取り組む事業者の皆さまへ～」（2023年3月）の脱
炭素経営の取組みによるメリットに関する以下の文章の空欄①、②
にあてはまる語句の組合せとして、次のうち最も適切なものはどれ
か。

　脱炭素経営とは、気候変動対策（≒脱炭素）の視点を盛り込んだ
企業経営のことで、経営リスク低減や成長のチャンス、経営上の重
要課題として全社を挙げて取り組むものである。脱炭素経営を事業
成長のチャンスと捉え、カーボンニュートラルに向けて全社を挙げ
て取り組み、新たな強みを作ろうとする考え方が広がっている。
先行して脱炭素経営に取り組む中小規模事業者では、主に「優
位性の構築」「光熱費・燃料費の低減」「知名度・認知度向上」
（　①　）・人材獲得力向上」「（　②　）」という5つのメリットを
獲得している。

1）①社員のモチベーション　　②好条件での資金調達
2）①社員のモチベーション　　②ステークホルダーとの関係強化
3）①企業価値の向上　　　　　②好条件での資金調達

・解説と解答・

　脱炭素経営とは、気候変動対策（≒脱炭素）の視点を盛り込んだ企業経営の
ことで、経営リスク低減や成長のチャンス、経営上の重要課題として全社を挙
げて取り組むものである。脱炭素経営を事業成長のチャンスと捉え、カーボン
ニュートラルに向けて全社を挙げて取り組み、新たな強みを作ろうとする考え
方が広がっている。先行して脱炭素経営に取り組む中小規模事業者では、主に
「優位性の構築」「光熱費・燃料費の低減」「知名度・認知度向上」「（①社員の
モチベーション）・人材獲得力向上」「（②好条件での資金調達）」という5つの
メリットを獲得している。

　脱炭素経営に向けたステップとして、①知る（情報の収集、方針の検討）⇒
②測る（CO_2排出量の算定、削減ターゲットの特定）⇒③減らす（削減計画の
策定、削減対策の実行）の3つのステップがある。　　　　　　　<u>正解　1）</u>

3 − 8 　小規模企業と SDGs①

《問》中小企業庁「小規模企業白書（2022年版）」における小規模事業者
　　の地域課題解決への取組みに関する以下の文章の空欄①、②にあて
　　はまる語句等の組合せとして、次のうち最も適切なものはどれか。

　地域課題を「まちづくり」「産業振興」「安全・安心」「環境保護」
「福祉・教育」「その他」に分類した場合、小規模事業者が実際に
取り組んでいる地域課題では、「（　①　）」が約55％と最も高く、
次いで「産業振興」が約48％となっている。また、約（　②　）割
の小規模事業者が実際に地域課題解決に向けた取組みを行ってい
る。

1)　①まちづくり　　②6
2)　①安全・安心　　②4
3)　①環境保護　　　②5

・解説と解答・

　地域課題を「まちづくり」「産業振興」「安全・安心」「環境保護」「福祉・教
育」「その他」に分類した場合、小規模事業者が実際に取り組んでいる地域課
題では、「（①まちづくり）」が約55％と最も高く、次いで「産業振興」が約
48％となっている。また、約（②6）割の小規模事業者が実際に地域課題解決
に向けた取組みを行っている。

正解　　1)

3 - 9　小規模企業と SDGs②

《問》中小企業庁「小規模企業白書（2022年版）」における小規模事業者の地域課題解決への取組みに関する以下の文章の空欄①、②にあてはまる語句等の組合せとして、次のうち最も適切なものはどれか。

> 　地域課題を「まちづくり」「産業振興」「安全・安心」「環境保護」「福祉・教育」「その他」に分類した場合、約 6 割の小規模事業者が実際に地域課題解決に向けた取組みを行っている。地域課題解決に向けた取組みを行っている小規模事業者が取組みを始めた理由として、「地域の持続的な発展に貢献するため」が最も割合が高く、（　①　）割を上回っている。次いで、「（　②　）ため」が約 2 割となっている。

1）①6　　　②地域の問題が事業の存続を脅かす可能性がある
2）①5　　　②地方自治体からの要請があった
3）①5　　　②地域の問題が事業の存続を脅かす可能性がある

● 解説と解答 ●

　地域課題を「まちづくり」「産業振興」「安全・安心」「環境保護」「福祉・教育」「その他」に分類した場合、約 6 割の小規模事業者が実際に地域課題解決に向けた取組みを行っている。地域課題解決に向けた取組みを行っている小規模事業者が取組みを始めた理由として、「地域の持続的な発展に貢献するため」が最も割合が高く、（①6）割を上回っている。次いで、「（②地域の問題が事業の存続を脅かす可能性がある）ため」が約 2 割となっている。

　それ以外の理由としては「事業性が見込めるため」（15.2％）、「地方自治体からの要請があったため」（12.7％）、「住民からの要望があったため」（10.0％）、「他の事業者からの提案があったため」（6.6％）、「その他」（7.7％）、「分からない」（5.8％）がある。

正解　1）

3－10　小規模企業とSDGs③

《問》中小企業庁「小規模企業白書（2021年版）」における小規模事業者
のSDGsへの取組みに関する以下の文章の空欄①、②にあてはま
る語句の組合せとして、次のうち最も適切なものはどれか。

> 小規模事業者がSDGsに取り組む目的として、「（　①　）」と回
> 答する者の割合が最も高い。また、「自社・自社商品・サービスの
> 知名度向上」や「自社好感度の向上」「（　②　）」と回答する者の
> 割合はそれぞれ約3割から約4割となっている。なお、顧客属性別
> に見ると、BtoB型事業者において「取引先との関係維持」と回答
> する者が3割弱と一定程度存在する。

1）①社会的責任の達成　　　　②新たな事業機会の獲得
2）①社内モチベーションの向上　②新たな事業機会の獲得
3）①新たな事業機会の獲得　　②社会的責任の達成

・ 解説と解答 ・

　小規模事業者がSDGsに取り組む目的として、「（①社会的責任の達成）」と
回答する者の割合が最も高い。また、「自社・自社商品・サービスの知名度向
上」や「自社好感度の向上」「（②新たな事業機会の獲得）」と回答する者の割
合はそれぞれ約3割から約4割となっている。なお、顧客属性別に見ると、
BtoB型事業者において「取引先との関係維持」と回答する者が3割弱と一定
程度存在する。

　SDGsに取り組む目的を「社内モチベーションの向上」と回答したのは、約
2割となっている。

　また、小規模事業者のSDGsへの取組みの目的に対する効果について、「大
いに効果があった」「ある程度効果があった」の合計回答で見ると、BtoB型事
業者、BtoC型事業者ともに約5割となっている。なお、BtoC型事業者の「大
いに効果があった」とする割合（1割強）がBtoB型事業者（1割弱）よりも
若干高い結果となっている。

　したがって、1）が適切である。

正解　1）

3 −11　SDG Compass①

《問》「SDG Compass：SDGs の企業行動指針―SDGs を企業はどう
　　活用するか―」において、企業が SDGs を利用することのメリッ
　　ト（理論的根拠）として挙げているもののうち、最も不適切なもの
　　はどれか。
1) 企業が SDGs を利用することのメリット（理論的根拠）の 1 つとし
　　て、「将来のビジネスチャンスの見極め」を挙げている。
2) 企業が SDGs を利用することのメリット（理論的根拠）の 1 つとし
　　て、「国際的な事業シェアの拡大」を挙げている。
3) 企業が SDGs を利用することのメリット（理論的根拠）の 1 つとし
　　て、「ステークホルダーとの関係の強化、新たな政策展開との歩調
　　合せ」を挙げている。

●解説と解答●

　SDG Compass は、グローバルレポーティングイニシアチブ（GRI）、国連グ
ローバルコンパクトおよび持続可能な開発のための世界経済人会議
（WBCSD）によって開発された企業向けガイドであり、企業が SDGs を経営
戦略と整合させ、SDGs への貢献度合を測定・管理するための指針を提供する
ものである。
1) 適切である。SDG Compass では、企業が SDGs を利用することのメリッ
　　ト（理論的根拠）として、「将来のビジネスチャンスの見極め」「企業の持
　　続可能性に関わる価値の増強」「ステークホルダーとの関係の強化、新た
　　な政策展開との歩調合せ」「社会と市場の安定化」「共通言語の使用と目的
　　の共有」を挙げている。
2) 不適切である。肢 1) の解説参照。
3) 適切である。例えば、SDGs へのコミットメント（目標）を公表すること
　　は、従業員や取引先のモチベーションを高め、積極的な取組みを引き出す
　　ことにもつながり、ひいては外部ステークホルダーとの建設的な対話の基
　　盤にもなる。

<u>正解　2)</u>

《SDG Compass の５つのステップ》
　SDG Compass は、企業が SDGs に最大限貢献できるよう５つのステップを下記のとおり示しており、それぞれの企業の中核的事業戦略が持続可能性を確保するうえでどのあたりに位置しているかを勘案し、その戦略の方向性を決定し、調整していくためにこの５つのステップを適用できるとしている。
　ステップ１：SDGs を理解する
　ステップ２：優先課題を決定する
　ステップ３：目標を設定する
　ステップ４：経営へ統合する
　ステップ５：報告とコミュニケーションを行う
　なお、持続可能性を企業の長期戦略に統合するうえで、取締役会が果たす役割が重要であるとしている。

3 − 12　SDG Compass②

《問》「SDG Compass：SDGs の企業行動指針―SDGs を企業はどう
　　活用するか―」の内容に関する次の記述のうち、最も適切なものは
　　どれか。
1）　自社のバリューチェーンのマッピングを高いレベルで実施し、
　　SDGs の諸課題にマイナスの影響を与える可能性が高い領域のみを
　　特定することが求められている。
2）　企業が SDGs に係る目標を設定するに際しては、内部中心的なアプ
　　ローチである「インサイド・アウト」のアプローチが有効であると
　　しており、リーディング企業も同アプローチを取り始めているとし
　　ている。
3）　企業が SDGs に係る進捗状況の効果的な報告とコミュニケーション
　　を行う際のマテリアリティ（重要性）評価の視覚化には、マトリッ
　　クスを用いるのが有効であるとしている。

・解説と解答・

1）　不適切である。自社のバリューチェーンのマッピングを高いレベルで実施
　　することで、SDGs の諸課題に負または正の影響を与える領域を特定する
　　ことから、自社が SDGs に対して及ぼす影響の評価を開始することを奨励
　　している。
　　　このマッピングは、バリューチェーンの各段階において SDGs の各目標
　　の詳細な評価を行うものではなく、最大の効果が発揮できる領域を高いレ
　　ベルで俯瞰するものである。
2）　不適切である。企業が SDGs に係る目標を設定するに際しては、世界的な
　　視点から、何が必要かについて外部から検討し、それに基づいて目標を設
　　定することにより、現状の達成度と求められる達成度のギャップを埋めて
　　いく「アウトサイド・イン」のアプローチが、今後、持続可能性における
　　企業のリーダーシップを規定していく 1 つの要因となるとされる。
　　　一方、「インサイド・アウト」のアプローチとは、目標設定に対して内
　　部中心的なアプローチを取るものであり、世界的な課題に十分に対処する
　　ことはできないとされている。
3）　適切である。マテリアリティ（重要性）を基準とした優先 SDGs 報告事項

のマッピングでは、優先課題の分野を「企業の経済・環境・社会面の影響の重要度」「ステークホルダーの評価・決定への影響」という座標軸のなかに位置付けるとしている。

<u>正解 3</u>）

第 4 章

ESG 金融・投資の理解・実践 I

4-1　ESG地域金融に関する取組状況①

《問》環境省「ESG地域金融に関する取組状況について―2023年度 ESG地域金融に関するアンケート調査結果取りまとめ―」（2024年 3月）の内容に関する次の記述のうち、最も適切なものはどれか。

1）アンケートに回答した金融機関のうち約50％の金融機関が、ESG 金融やSDGsの推進に向けていずれの組織とも連携していない。

2）アンケートに回答した金融機関のうち約60％の金融機関が、ESG 資金需要の先行き見通しについて、「中長期的にESG資金需要が 増加する見込み」と認識している。

3）アンケートに回答した金融機関のうち約30％の金融機関（取組みは 実施していないと回答した金融機関を除く）が、ESGやSDGsに 関して、取引先企業の持続可能な取組みを促進する金融商品を開発 している。

・解説と解答・

1）不適切である。ESG金融やSDGsの推進に向けていずれの組織とも連携 していないと回答した金融機関は31％である。

　　連携していない理由として、経営課題として認識し一部取組みを開始し ているものの、取組方針や推進体制等の検討をまだ十分に実施できておら ず、外部組織との具体的な連携が困難、連携可能な自治体や大学等の情報 がない、などが挙がっている（理由については2021年度調査）。

2）適切である。アンケートに回答した金融機関は、ESG資金需要の先行き 見通しについて、「成長領域であり、中長期的に加速度的にESG資金需 要が増加する見込み（19％）」「成長領域であり、中長期的にESG資金需 要は現状程度のペースで増加する見込み（41％）」と、約6割がESG資 金需要の増加を見込んでいる。

3）不適切である。アンケートに回答した金融機関のうち約6割の金融機関 （取組みは実施していないと回答した金融機関を除く）が、ESGやSDGs に関して、取引先企業の持続可能な取組みを促進する金融商品を開発して いる。

　　また、顧客のESGやSDGsに対する関心は高まっており、コンサルテ ィングや啓発活動、起業支援など支援メニューの拡充が新規案件開発や事

業拡大にもつながりうることにも理解が必要としている。

<u>正解　2）</u>

4－2　ESG地域金融に関する取組状況②

《問》環境省「ESG地域金融に関する取組状況について－2023年度
　ESG地域金融に関するアンケート調査結果取りまとめ－」（2024年
　3月）の内容に関する次の記述のうち、最も適切なものはどれか。
 1 ）アンケートに回答した金融機関のうち、金融業務におけるESGや
　　SDGsの考慮について「すでに各関係部署で取組を実施している」
　　とする回答と「一部の部署で取組を開始しており、今後、取組を拡
　　大する予定である」とする回答の合計は約35％である。
 2 ）アンケートに回答した金融機関のうち、金融業務におけるESGや
　　SDGsに関する具体的な取組について、33％の金融機関が「組織内
　　で情報や知見を共有する仕組みはない」としている。
 3 ）アンケートに回答した金融機関のうち約60％の金融機関が、ESG
　　金融やSDGsの推進に向けて、県や自治体と連携（長期計画やビジ
　　ョンの策定に関与または連携協定を締結）して案件組成に取り組ん
　　でいる。

・解説と解答・

 1 ）不適切である。アンケートに回答した金融機関のうち、金融業務における
　　ESGやSDGsの考慮について「すでに各関係部署で取組を実施している」
　　とする回答と「一部の部署で取組を開始しており、今後、取組を拡大する
　　予定である」とする回答の合計は約59％である。
 2 ）適切である。なお、「本部と支店・営業店が合同で定期的な情報交換の場
　　を設置している」が 9 ％、「案件ごとに、支店・営業店から本部に適宜相
　　談している」が54％、取組の成果や途中経過を組織内で共有し、知見・ノ
　　ウハウとして蓄積している」が24％である。
 3 ）不適切である。ESG金融やSDGsの推進に向けて、県や自治体と連携
　　（長期計画やビジョンの策定に関与または連携協定を締結）して案件組成
　　に取り組んでいる金融機関は全体の44％である。

<u>正解　 2 ）</u>

4 - 3　ESG 地域金融のあり方①

《問》環境省「事例から学ぶ ESG 地域金融のあり方―ESG 地域金融の
　　　普及に向けて―」（2019年 3 月）の内容に関する次の記述のうち、
　　　最も適切なものはどれか。
1) ESG 地域金融における ESG 要素を考慮した「案件組成」とは、
　　ESG 要素に考慮して、地域課題を特定し、地域課題の解決につな
　　がる事業案件を生み出すことや、ネットワークを活用した事業体制
　　づくりを通じて、地域の環境や経済・社会に対する持続的な貢献に
　　つながる案件を組成することをいう。
2) ESG 地域金融における ESG 要素を考慮した「モニタリング」と
　　は、融資金の回収を行うことを目的とし、環境アドバイザーととも
　　に、四半期ごとに監視を実施することをいう。
3) ESG 地域金融における ESG 要素を考慮した事業性評価のレベルア
　　ップとして、「案件組成」「評価」の段階において、ESG 要素を考
　　慮した融資可否の検討に加えて、リスク・機会の検討および地域へ
　　のインパクト評価を行うが、地域へのインパクト評価は、不確定要
　　素が多く地域貢献効果を定量化できないことから、実際には行われ
　　ないことが多い。

・解説と解答・

　ESG 地域金融では、ESG 要素を考慮した「案件組成」「評価」「モニタリン
グ」を行うことで、取引先の価値向上や将来のキャッシュ・フローを改善する
こと、地域金融機関のリスクを抑えるとともに地域の環境や経済・社会へ持続
的に貢献することが目指される。ESG 地域金融の拡大に向けては、地域金融
機関による ESG 要素を考慮した取引先の支援や事業性評価のレベルアップ、
地域金融機関自らの「組織」における ESG 対応のレベルアップを図ることが
必要である。
1) 適切である。
2) 不適切である。ESG 地域金融における ESG 要素を考慮した「モニタリン
　　グ」とは、地域の環境や経済・社会への効果をモニタリングし、取引先の
　　将来のキャッシュ・フロー改善につなげることや、対象の事業が地域の環
　　境や経済・社会に対する好影響を持続するよう、当該事業に対して継続的

に関与・支援することをいう。

3）不適切である。ESG 地域金融における ESG 要素を考慮した事業性評価の
　　レベルアップとして、「案件組成」「評価」の段階において、ESG 要素を
　　考慮した融資可否の検討に加えて、リスク・機会の検討、さらに地域への
　　インパクト評価を行うことで、地域貢献効果を最大化する。
　　　なお、インパクト評価では、資金供給を行う意義を明確にするため、地
　　域の環境や経済・社会へのインパクトを評価する。

正解　1）

4 - 4　ESG 地域金融のあり方②

《問》環境省「事例から学ぶ ESG 地域金融のあり方－ESG 地域金融の
　　普及に向けて－」（2019年 3 月）の内容に関する次の記述のうち、
　　最も適切なものはどれか。
1) ESG 地域金融における ESG 要素を考慮した「案件組成」の段階に
　　おける「案件相談」に際しては、資金使途が明確であることを確認
　　したうえで、各金融機関の独自の基準により選定した一部の案件の
　　みを対象とすることが望ましい。
2) 地域金融機関が組織の ESG 対応を向上させるために、行職員の
　　ESG 金融や SDGs に資する案件への関与に対するインセンティブ
　　（人事評価等）を導入することについては、特定産業を排除するよ
　　うなネガティブ・スクリーニングを助長することにつながりかねな
　　いため、慎重になるべきである。
3) 行内の会議やイントラネットで ESG 金融や SDGs に関する情報発
　　信を行うことは、地域金融機関が組織の ESG 対応を向上させるた
　　めに重要な取組みといえる。

・解説と解答・

1) 不適切である。ESG 地域金融における ESG 要素を考慮した「案件組成」
　　の段階における「案件相談」に際しては、すべての案件を対象とする。
　　　資金使途が明確でない、複数事業を持つ事業者の運転資金の場合は、企
　　業のポートフォリオで大きなシェアを占める事業を対象に ESG 要素を踏
　　まえた事業性評価を実施する。
2) 不適切である。地域金融機関が組織の ESG 対応を向上させるためには、
　　事業性評価シート等に環境の視点からの検討を組み込むことや、モニタリ
　　ングシート等で環境関連項目を評価項目とすることなどのほか、行職員の
　　ESG 金融や SDGs に資する案件への関与に対するインセンティブ（人事
　　評価等）を導入することも重要である。
3) 適切である。

<u>正解　3)</u>

4－5　ESG金融懇談会提言

《問》「ESG金融懇談会提言〜ESG金融大国を目指して〜」（2018年7月27日）の内容に関する以下の文章の空欄①、②にあてはまる語句の組合せとして、次のうち最も適切なものはどれか。

> 環境省が主催したESG金融懇談会の提言には、「地域金融機関は、地域のヒト・モノ・カネが集中しやすい地域の核であり、その果たすべき役割は、地域経済を持続的に成長させることである。一方、地域では、生産年齢人口の減少と高齢化に伴う人手不足やマーケットの縮小が進行しており、地域金融機関は地域企業の生産性向上、新たな（　①　）の模索といった事業の将来のあり方をともに考える必要性を突きつけられている。多くの地域金融機関にとって、厳しい経営環境の下、持続可能なビジネスモデルの構築に向けた組織的・継続的な取組が必要とされている。その際、顧客のESG課題や地域のSDGsの視点なくして、（　②　）の持続可能なビジネスモデルを構築することは困難といっても過言ではない」と記されている。

1）①収益源　　②顧客本位
2）①収益源　　②地域主体
3）①労働力　　②顧客本位

・解説と解答・

　環境省が主催したESG金融懇談会の提言には、「地域金融機関は、地域のヒト・モノ・カネが集中しやすい地域の核であり、その果たすべき役割は、地域経済を持続的に成長させることである。一方、地域では、生産年齢人口の減少と高齢化に伴う人手不足やマーケットの縮小が進行しており、地域金融機関は地域企業の生産性向上、新たな（①収益源）の模索といった事業の将来のあり方をともに考える必要性を突きつけられている。多くの地域金融機関にとって、厳しい経営環境の下、持続可能なビジネスモデルの構築に向けた組織的・継続的な取組みが必要とされている。その際、顧客のESG課題や地域のSDGsの視点なくして、（②顧客本位）の持続可能なビジネスモデルを構築することは困難といっても過言ではない」と記されている。

　また、その提言の冒頭には「パリ協定と SDGs が目指す脱炭素社会、持続可能な社会に向けた戦略的なシフトこそ、我が国の競争力と「新たな成長」の源泉であるとの認識の下、直接金融において先行して加速しつつある ESG 投資をさらに社会的インパクトの大きいものへと育むとともに、間接金融においても地域金融機関と地方自治体等の協働と、グローバルな潮流を踏まえた金融機関の対応により ESG 融資を実現する必要があることを確認した。そのために、自らが各々の役割を果たすと同時に、国も必要な施策を講ずるよう提言する」と記されている。

　したがって、1）が適切である。

正解　1）

4－6　ESG 金融ハイレベル・パネル

《問》ESG 金融ハイレベル・パネルの「脱炭素社会への移行を支える金
　　融の役割と行動に関する宣言」（令和 4 年 3 月14日）の内容に関す
　　る以下の文章の空欄①、②にあてはまる語句の組合せとして、次の
　　うち最も適切なものはどれか。

> 　ESG 金融ハイレベル・パネルにおける「脱炭素社会への移行を
> 支える金融の役割と行動に関する宣言」の 1 つとして、「金融機関
> 自身が、地域経済社会の脱炭素化を自らのサステナビリティに関わ
> る課題と捉えるとともに、地場・中小を含む地域の企業に対し、
> （　①　）の経済社会への変革に伴うリスクと機会を経営にかかる
> 重要な要素と捉えて対応を促すためのサポートを行う。その際、地
> 域経済社会の変革による新たな成長や、グローバルにつながる
> （　②　）チェーンといった要素への地域全体の意識を高める」と
> 記されている。

1 ）①炭素ゼロ型　　　②サプライ
2 ）①炭素中立型　　　②サプライ
3 ）①炭素中立型　　　②デマンド

・解説と解答・

　「ESG 金融ハイレベル・パネル」は、ESG 金融懇談会提言（2018年 7 月と
りまとめ）を踏まえ、金融・投資分野の各業界トップと国が連携し、ESG 金
融に関する意識と取組みを高めていくための議論・行動の場として環境省によ
って設置され、提言に基づく取組状況の定期的なフォローアップを行うもので
あり、2019（平成31）年 2 月に第 1 回が開催され、2024（令和 6 ）年 3 月には
第 7 回が開催された。

　ESG 金融ハイレベル・パネルにおける「脱炭素社会への移行を支える金融
の役割と行動に関する宣言」の 1 つとして、「金融機関自身が、地域経済社会
の脱炭素化を自らのサステナビリティに関わる課題と捉えるとともに、地場・
中小を含む地域の企業に対し、（①炭素中立型）の経済社会への変革に伴うリ
スクと機会を経営にかかる重要な要素と捉えて対応を促すためのサポートを行
う。その際、地域経済社会の変革による新たな成長や、グローバルにつながる

（②サプライ）チェーンといった要素への地域全体の意識を高める」と記されている。

　したがって、2）が適切である。

<u>正解　2）</u>

4－7　21世紀金融行動原則

《問》「持続可能な社会の形成に向けた金融行動原則（通称：21世紀金融
　　行動原則)」の内容に関する次の記述のうち、最も適切なものはど
　　れか。
1）「持続可能な社会の形成に向けた金融行動原則」とは、持続可能な
　　社会の形成のために必要な責任と役割を果たしたいと考える金融機
　　関の行動指針であり、2024年4月現在、約200機関が署名している。
2）持続可能な社会の形成のために、金融機関自らが果たす責任と役割
　　を認識のうえ、環境・社会・経済へのポジティブ・インパクトの創
　　出や、ネガティブ・インパクトの緩和を目指し、それぞれの事業を
　　通じて最善の取組みを率先して実践するとされている。
3）「持続可能な社会の形成に向けた金融行動原則」は、2011年の策定
　　時より変わらず、志を同じくする業態別ごとの金融機関が協働する
　　出発点となることを企図している。

・解説と解答・

1）不適切である。持続可能な社会の形成のために必要な責任と役割を果たし
　たいと考える金融機関の行動指針として、およそ1年にわたる起草委員会
　における議論の後、2011年10月に「持続可能な社会の形成に向けた金融行
　動原則」がまとめられた。
　　2024年4月1日現在、306機関が署名しており、署名金融機関は、自ら
　の業務内容を踏まえ可能な限り7つの原則に基づく取組みを実践するとし
　ている。業態、規模、地域などに制約されることなく、志を同じくする金
　融機関が協働する出発点と位置付けられていることが特徴の1つである。
　　5つの業態別およびテーマ別のワーキンググループ（運用・証券・投資
　銀行業務、保険業務、預金・貸出・リース業務、環境不動産、持続可能な
　地域支援）があり、セミナーやシンポジウム開催等を中心に活動してい
　る。
　　なお、「持続可能な社会の形成に向けた金融行動原則」の7つの原則は、
　以下のとおりである。
　原則1：基本姿勢
　　持続可能な社会の形成のために、私たち金融機関自らが果たす責任と役

割を認識の上、環境・社会・経済へのポジティブ・インパクトの創出
や、ネガティブ・インパクトの緩和を目指し、それぞれの事業を通じて
最善の取組みを率先して実践する。

原則 2：持続可能なグローバル社会への貢献

社会の着実で公正なトランジションに向けて、イノベーションを通じた
産業や事業の創出・発展に資する金融商品やサービスを開発・提供し、
持続可能なグローバル社会の形成をリードする。

原則 3：持続可能な地域社会形成への貢献

地域特性を踏まえた環境・社会・経済における課題解決をサポートし、
地域の包摂性とレジリエンスの向上を通じて、持続可能な地域社会の形
成をリードする。

原則 4：人材育成

金融機関における人的資本の重要性を認識し、環境や社会の問題に対し
て自ら考え、行動を起こすことのできる人材の育成を行う。

原則 5：多様なステークホルダーとの連携

持続可能な社会の形成には、私たち金融機関をはじめ、多様なステーク
ホルダーが連携することが重要と認識し、かかる取組みに参画するだけ
でなく主体的な役割を担う。

原則 6：持続可能なサプライチェーン構築

気候変動・生物多様性等の環境問題や人権をはじめとする社会課題に積
極的に取り組むとともに、投融資先を含む取引先等との建設的なエンゲー
ジメントを通じて、持続可能なサプライチェーンの構築を図る。

原則 7：情報開示

社会の持続可能性を高める活動が経営的な課題であると認識し、国内外
の動向と開示フレームワークを踏まえ、取組みを広くステークホルダー
に情報開示するとともに不断の改善を行う。

2) 適切である。肢 1) の解説「持続可能な社会の形成に向けた金融行動原
則」の原則 1 参照。

3) 不適切である。「持続可能な社会の形成に向けた金融行動原則」の前文に、
「本原則は、2011年の策定時より変わらず、業態、規模、地域などに制約
されることなく、志を同じくする金融機関が協働する出発点となることを
企図している」と記されている。

正解　2)

4－8　21世紀金融行動原則／預金・貸出・リース業務ガイドライン

《問》「持続可能な社会の形成に向けた金融行動原則（通称：21世紀金融
　　　行動原則）」に係る「預金・貸出・リース業務ガイドライン」の内
　　　容に関する以下の文章の空欄①、②にあてはまる語句の組合せとし
　　　て、次のうち最も適切なものはどれか。

　　　預金・貸出・リース業務に携わる金融機関等の役割は多岐にわた
　　るが、署名機関に共通して期待されるのは、社会の（　①　）に資
　　する形で金融仲介機能（情報生産機能、リスク負担機能）の発揮に
　　努め、資金の出し手、受け手双方にさまざまな好影響をもたらす姿
　　勢である。社会の（①）を追求する過程で生じるさまざまな資金需
　　要に応える仕組みの開発・提供、リスク評価能力を活かしたプロジ
　　ェクト等の適切な誘導など、預金・貸出・リース業務に携わる署名
　　機関が実践する持続可能な社会実現に向けた取組みは、文字通り、
　　本業を通じた（　②　）の追求に他ならない、との課題認識がされ
　　ている。

1）①持続可能性　　　②ポジティブ・インパクト
2）①持続可能性　　　②ネガティブ・インパクト
3）①経済成長　　　　②ネガティブ・インパクト

・解説と解答・

　預金・貸出・リース業務に携わる金融機関等の役割は多岐にわたるが、署名
機関に共通して期待されるのは、社会の（①持続可能性）に資する形で金融仲
介機能（情報生産機能、リスク負担機能）の発揮に努め、資金の出し手、受け
手双方にさまざまな好影響をもたらす姿勢である。社会の（①持続可能性）を
追求する過程で生じるさまざまな資金需要に応える仕組みの開発・提供、リス
ク評価能力を活かしたプロジェクト等の適切な誘導など、預金・貸出・リース
業務に携わる署名機関が実践する持続可能な社会実現に向けた取組みは、文字
通り、本業を通じた（②ポジティブ・インパクト）の追求に他ならない、との
課題認識がされている。

正解　1）

4 − 9　インパクトレーダー①

《問》国連環境計画・金融イニシアティブ（UNEP FI）が2018年11月に
公表した、包括的なインパクト分析のためのツールである「インパ
クトレーダー」（2022年7月改定版）に関して説明した以下の文章
の空欄①、②にあてはまる語句の組合せとして、次のうち最も適切
なものはどれか。

> 「インパクトレーダー」は、（　①　）として、経済、環境、社会
> の側面に沿って22個のインパクトカテゴリーを設定したものであ
> る。その後、2022年7月の改定版において、（①）を3つの柱とし
> て明確化するとともに、インパクトカテゴリーを12の「インパクト
> エリア」と（　②　）の「インパクトトピック」として再整理され
> ている。また、インパクトレーダーは、持続可能な開発の中核的な
> 要素から派生するインパクトカテゴリーをもとに構築されており、
> それは、金融機関が自らの商品やサービスを通じてもたらす可能性
> があるプラスとマイナスの影響を考慮し、それらを検出することを
> 期待するものである。

1 ）①3E　　　②36
2 ）①3P　　　②28
3 ）①3P　　　②34

・解説と解答・

　国連環境計画・金融イニシアティブ（UNEP Finance Initiative：UNEP FI）
が2018年11月に公表した、包括的なインパクト分析のためのツールである「イ
ンパクトレーダー」は、（①3P）として、経済（Prosperrity）、環境（Plan-
et）、社会（People）の側面に沿って22個のインパクトカテゴリーを設定した
ものである。

　なお、2022年の改訂版では、3Pを3つの柱（経済（Economic）、環境（En-
vironmental）、社会（Social））として明確化するとともに、インパクトカテ
ゴリーを再構成し、12の「インパクトエリア」と（②34）の「インパクトトピ
ック」として分類・整理している。

　また、インパクトレーダーは、持続可能な開発の中核的な要素から派生する

インパクトカテゴリーをもとに構築されており、それは、金融機関が自らの商品やサービスを通じてもたらす可能性があるプラスとマイナスの影響を考慮し、それらを検出することを期待するものである。

　したがって、3）が適切である。

正解　3）

《国連環境計画（UNEP）》

　国連環境計画（UNEP）は、1972年6月の国連人間環境会議（ストックホルム）で採択された「人間環境宣言」および「環境国際行動計画」を実施に移すための機関として、同年の第27回国連総会で設立された国連の補助機関である。国連環境計画・金融イニシアティブ（UNEP FI）は、UNEPと200以上の世界の金融機関との広範で緊密なパートナーシップであり、1992年の設立以来、金融機関、政策・規制当局と協調し、経済的発展とESG（環境・社会・ガバナンス）への配慮を統合した金融システムへの転換を進めている。

4-10　インパクトレーダー②

《問》「ポジティブ・インパクト金融原則」に関して説明した以下の文章
の空欄①、②にあてはまる語句等の組合せとして、次のうち最も適
切なものはどれか。

　国連環境計画・金融イニシアティブの「インパクトレーダー」
（2018年11月）によれば、ポジティブ・インパクト金融原則は、「持
続可能な開発への資金提供において、持続可能な開発の（　①　）
つの側面にわたるマイナスの影響が特定され、回避され、軽減さ
れ、改善されることを期待」するものであり、「すべてのカテゴリ
ーでマイナスの影響を特定し、あるカテゴリーで特定されたインパ
クトを別のカテゴリーで特定されたポジティブなインパクトで相殺
できるようなものではないことを意味する」としている。
　カテゴリーを超えたマイナス影響を特定・評価するために、金融
機関には、「既存の産業標準とガイドライン（例：OECD多国籍企
業行動指針、IFCパフォーマンス基準、社内ESGリスク管理枠組
み等）を使用し、必要に応じてこれらを（　②　）することが求め
られる」としている。

1）①3　　　　②完成し、強化
2）①3　　　　②採用し、簡易化
3）①4　　　　②完成し、強化

・解説と解答・

　国連環境計画・金融イニシアティブの「インパクトレーダー」（2018年11月）
によれば、ポジティブ・インパクト金融原則は、「持続可能な開発への資金提
供において、持続可能な開発の（①3）つの側面にわたるマイナスの影響が特
定され、回避され、軽減され、改善されることを期待」するものであり、「す
べてのカテゴリーでマイナスの影響を特定し、あるカテゴリーで特定されたイ
ンパクトを別のカテゴリーで特定されたポジティブなインパクトで相殺できる
ようなものではないことを意味する」としている。

　カテゴリーを超えたマイナス影響を特定・評価するために、金融機関には、
「既存の産業標準とガイドライン（例：OECD多国籍企業行動指針、IFCパフ

ォーマンス基準、社内 ESG リスク管理枠組み等）を使用し、必要に応じてこ
れらを（②完成し、強化）することが求められる」としている。
　したがって、1）が適切である。

<u>正解　1）</u>

4－11　責任銀行原則（PRB）

《問》「責任銀行原則（PRB：Principles for Responsible Banking)」
　　に関して説明した以下の文章の空欄①、②にあてはまる語句の組合
　　せとして、次のうち最も適切なものはどれか。

責任銀行原則（PRB）とは、国連環境計画・金融イニシアティ
ブ（UNEP FI）が提唱し、2019年 9 月22日に発効した原則で、銀
行と社会の持続的な発展を目指し、SDGs やパリ協定で示されてい
る社会の目標に対し、（　①　）で重要なインパクトを及ぼしうる
分野を特定し、そうした分野に対する取組みに沿った戦略・目標を
設定、実行し、透明性のある開示を行うためのフレームワークであ
る。

なお、国連責任投資原則の銀行版ともいえる PRB は、下記の 6
つの原則で構成されている。
原則 1 ：整合性（アラインメント）
原則 2 ：インパクトと目標設定
原則 3 ：顧客（法人・リテール）
原則 4 ：ステークホルダー
原則 5 ：ガバナンスと企業文化
原則 6 ：透明性と（　②　）

1 ）①ポジティブ・ネガティブ両面　　②説明責任
2 ）①ポジティブ・ネガティブ両面　　②罰則
3 ）①ポジティブ面　　　　　　　　　②説明責任

・解説と解答・

責任銀行原則（PRB：Principles for Responsible Banking）とは、国連環境
計画・金融イニシアティブ（UNEP FI）が提唱し、2019年 9 月22日に発効し
た原則で、銀行と社会の持続的な発展を目指し、SDGs やパリ協定で示されて
いる社会の目標に対し、（①ポジティブ・ネガティブ両面）で重要なインパク
トを及ぼしうる分野を特定し、そうした分野に対する取組みに沿った戦略・目
標を設定、実行し、透明性のある開示を行うためのフレームワークである。

なお、国連責任投資原則の銀行版ともいえる PRB は、下記の 6 つの原則で

構成されている。

原則１：整合性（アラインメント）

原則２：インパクトと目標設定

原則３：顧客（法人・リテール）

原則４：ステークホルダー

原則５：ガバナンスと企業文化

原則６：透明性と（②説明責任）

　　したがって、１）が適切である。

__正解　１）__

4 −12　ESG 地域金融実践ガイド①

《問》環境省がとりまとめた「ESG 地域金融実践ガイド3.0」（2024年 3 月）の内容に関する次の記述のうち、最も適切なものはどれか。

1 ）ESG 地域金融の実践において考慮すべき 4 つの要素のうちの 1 つとして、「地域金融機関自らが提供できる支援策の把握・理解」が挙げられている。
2 ）地域経済の活性化に向けては、国および地方自治体が重要なポジションにあるとされ、地域金融機関にはそのサポート的なポジションが求められている。
3 ）ESG 地域金融とは、「『地域における持続可能な社会・経済づくり』を拡大するために地域金融機関が期待される役割、すなわち『地域の特性に応じた ESG 要素を考慮した金融機関としての適切な知見の提供やファイナンス等の必要な支援』」であるとされる。

・解説と解答・

1 ）不適切である。「ESG 地域金融実践ガイド3.0」によれば、ESG 地域金融の実践において考慮すべき 4 つの要素として、「多様なステークホルダーとの連携」「地域資源の把握・理解」「長期的な到達点の策定と共有」「バックキャスティングとインパクト」が挙げられている。
2 ）不適切である。わが国の地域経済社会は、高齢化や人口減少といった構造的な要因のほか、気候変動や生物多様性への対応、SDGs といった世界的な潮流の影響も受けつつある中で、解決すべき地域課題を複数抱えている。こうした課題解決に取り組み、地域経済の活性化や地域社会の復興を目指す上で、地域金融機関は、自治体等と連携し、地域資源の活用にかかる知見や ESG 要素を考慮したファイナンス（事業性評価など）を提供することで、取組推進の核となる重要なポジションにあるとされる。
3 ）適切である。ESG 要素を考慮したファイナンスとは、地域課題の解決のためのニーズを経済的価値の源泉とする事業を発掘し、事業性を見極めつつ適切な融資・支援を行う金融行動である。これは、従前から地域金融機関が取り組んできた、事業性評価での目利き、融資先への丁寧なモニタリング、本業支援等の延長線上にあるとされている。

正解　3 ）

4 −13 ESG 地域金融実践ガイド②

《問》 環境省がとりまとめた「ESG 地域金融実践ガイド3.0」(2024年3月)の内容に関する次の記述のうち、最も不適切なものはどれか。

1) 地域金融機関の経営者には、自治体や取引先をはじめとする多様なステークホルダーとの間で、目指す方向性についての共通認識を持つことが前提となることから、対話に向けた協力体制の構築の面でもリーダーシップの発揮が期待されている。
2) 地域金融機関の経営者には、事業基盤である地域を持続可能なものに移行させるうえで自らの組織が果たしうる役割を認識し、ESG 地域金融の実践を通じた課題解決・価値創造を経営戦略に位置づけ、組織全体へ浸透させる重要な役割が期待されている。
3) 地域金融機関において、ESG 金融やサステナビリティ関連の知見・ノウハウを有する専門人材の育成は喫緊の課題であるため、特定人材にこれらの知見・ノウハウを集中させることが効率的な体制構築の観点からも望ましい。

・解説と解答・

1) 適切である。ローカル SDGs(地域経済エコシステム／地域循環共生圏の構築)実践の主たる担い手である自治体と目指す方向性についての共通認識を持つことは特に重要であるとされている。

　　また、ESG 金融を実践するためには、取組みの重要性に対する納得感の醸成が重要であり、組織内周知にあたっては、支店長などを起点として経営層の考えや方針・戦略を浸透させることが期待されている。
2) 適切である。
3) 不適切である。特定の職員の能力や意識だけに頼るのではなく、組織としての ESG 地域金融の能力を継続的に高めていくことが課題であるとしている。

正解　3)

4 − 14　ESG 地域金融実践ガイド③

《問》環境省がとりまとめた「ESG 地域金融実践ガイド3.0」（2024年 3
　月）における ESG 地域金融における 3 つのアプローチに関する次
　の記述のうち、最も適切なものはどれか。
1) ESG 地域金融における 3 つのアプローチは、どのアプローチから
　　実践しても問題はないが、持続可能な地域の実現に向けては、それ
　　ぞれの取組みを有機的に結合させることが重要であり、そのための
　　仕組みを地域金融機関内で構築することが求められている。
2) 3 つのアプローチに共通する重要な事項として、「バリューチェー
　　ン（商流）と対象産業／企業の位置づけの把握」があるが、このバ
　　リューチェーンには、通常、最終製品の製造段階や消費段階以降は
　　対象に含まれないとされる。
3) 3 つのアプローチに共通する重要な事項として、「地域の環境・社
　　会・経済へのネガティブインパクトをゼロとすること」が挙げられ
　　ている。

・解説と解答・

1)　適切である。「ESG 地域金融実践ガイド3.0」では、持続可能な地域の実
　現に向けた ESG 地域金融の実践アプローチを、 3 つに分類している。
　①地域資源の特定および課題解決策の検討・支援（地域資源・課題を対象
　　にした取組み）：地域資源を効率的に活用し、地域の持続可能性を図っ
　　ていくための手法である。
　　　まず、地域資源を多面的に把握、理解したうえで、地域循環共生圏の
　　実現に向けた曼陀羅図を描くことがポイントとなる。
　　　また、定量的な情報の活用、地域差の考慮、目的・ゴールの明確化お
　　よび地域金融機関の主体的な連携に留意する必要があるとされる。
　②主要産業の持続可能性向上に関する検討・支援（主要産業を対象にした
　　取組み）：主要産業の中長期での方向性に対応した支援策を検討・実施
　　することにより、産業の持続可能性向上を支援するための手法である。
　　　まずは、対象産業の中長期的な動向を把握し、バリューチェーン全体
　　が受ける影響の仮説を立てることが入り口となる。
　　　また、事業者へのヒアリング結果をもとに支援策の検討を実施する

　が、将来の動向や認識についてヒアリング結果を鵜呑みにはせず、仮説
　検証のための手段として活用することが重要とされる。

③企業価値の向上に向けた支援（個別企業を対象にした取組み）：取引先
　企業を対象にESG要素を考慮した事業性評価を通じて中長期的なリス
　クや機会を検討することで、企業や案件の価値向上に向けた支援策を展
　開するための手法である。

　　まず、地域資源や産業、技術に関する本部と営業店の知見を蓄積し、
　バリューチェーンの観点から企業／案件のインパクトを把握することが
　ポイントとなる。

　　また、企業を正しく評価した上で、地域に与えるインパクトを最大化
　するための支援策を検討することが求められており、その際、金融機関
　にないノウハウ等が必要な場合には大学や専門機関等と連携することも
　重要であるとしている。

2）不適切である。3つのアプローチに共通する重要な事項として、「バリュ
　ーチェーン（商流）と対象産業／企業の位置づけの把握」が挙げられてお
　り、このバリューチェーンには、最終製品の製造段階や消費段階以降も対
　象に含めることが重要とされる。

　　これらの段階における変化（消費者行動の変化、ビジネスモデルの転換
　等）を考慮し、支援を行うことで、地域産業や企業の持続可能性向上に資
　する取組みの変化をバリューチェーン全体の持続可能性の向上につなげる
　ことが可能となるとされる。

3）不適切である。3つのアプローチに共通する重要な事項として、「地域の
　環境・社会・経済へのポジティブインパクトの創出を目指すこと」が挙げ
　られており、地域金融機関が取引先の支援をする際には、取引先の事業活
　動が環境・社会・経済へ与える変化（インパクト）を把握するとともに、
　ポジティブインパクトを最大化し、ネガティブインパクトを緩和すること
　を目指した支援策の検討が求められている。

正解　1）

4-15　エクエーター原則（赤道原則）

《問》「エクエーター原則（赤道原則）」の内容に関する以下の文章の空欄
①、②にあてはまる語句の組合せとして、次のうち最も適切なもの
はどれか。

> エクエーター原則（赤道原則）とは、金融機関が（　①　）プロ
> ジェクトに融資する際に、そのプロジェクトが環境・社会に対して
> 及ぼすリスクを特定し、評価し、管理するための共通の枠組みであ
> り、（　②　）など10の原則で構成されている。

1）①大規模な　　　　　　　②最優遇金利の適用
2）①大規模な　　　　　　　②環境・社会アセスメント実施
3）①携わるすべての　　　　②環境・社会アセスメント実施

・解説と解答・

　エクエーター原則（赤道原則）とは、金融機関が（①大規模な）プロジェク
トに融資する際に、そのプロジェクトが環境・社会に対して及ぼすリスクを特
定し、評価し、管理するための共通の枠組みであり、（②環境・社会アセスメ
ント実施）など10の原則で構成されている。

　鉱山開発や石油・ガス開発、ダム建設などの大規模プロジェクトでは、生態
系の破壊や地域住民の立ち退きなど自然環境や地域社会に大きな影響を与える
可能性があり、こうした一定規模以上のプロジェクトへの融資を検討する際に
は、事前に影響評価を行うことや地域社会の意見を聞く機会を設けることなど
を、エクエーター原則は求めている。

　したがって、2）が適切である。

<u>正解　2）</u>

4-16 ESGリース促進事業

《問》ESGリース促進事業の内容に関する以下の文章の空欄①、②にあ
てはまる数値の組合せとして、次のうち最も適切なものはどれか。

ESGリース促進事業とは、脱炭素機器のリース料低減を通じて
ESG要素を考慮した取組みを促進し、サプライチェーン全体での
脱炭素化を支援することを目的としており、中小企業等が、環境省
が定める一定の基準を満たす脱炭素機器をリースで導入した場合
に、当初リース契約期間の総リース料(消費税および再リース料を
除く)の1～(①)%の補助金を指定リース事業者に対して交
付する制度である。さらに、ESG要素を考慮した優良な取組みに
は1%上乗せされ、リース先(中小企業等)および指定リース事業
者の両社がESG要素を考慮した優良な取組みを行っている場合、
きわめて先進的な取組みとして(②)%上乗せされる。

1) ①4　　②2
2) ①4　　②3
3) ①5　　②2

・解説と解答・

ESGリース促進事業とは、脱炭素機器のリース料低減を通じてESG要素を
考慮した取組みを促進し、サプライチェーン全体での脱炭素化を支援すること
を目的としており、中小企業等が、環境省が定める一定の基準を満たす脱炭素
機器をリースで導入した場合に、当初リース契約期間の総リース料(消費税お
よび再リース料を除く)の1～(①4)%の補助金を指定リース事業者に対し
て交付する制度である。さらに、ESG要素を考慮した優良な取組みには1%
上乗せされ、リース先(中小企業等)および指定リース事業者の両社がESG
要素を考慮した優良な取組みを行っている場合、きわめて先進的な取組みとし
て(②2)%上乗せされる。

したがって、1)が適切である。

正解　1)

4 −17　SDGs 債

《問》日本証券業協会が公表している「SDGs 債の発行状況」に関する
　　以下の文章の空欄①、②にあてはまる語句の組合せとして、次のう
　　ち最も適切なものはどれか。

> 　SDGs 債は、発行体のサステナビリティ戦略における文脈に即
> し、環境・社会課題解決を目的として発行されるが、元利払いにお
> ける一般的な SDGs 債の信用力は、その発行体が発行する他の通常
> の債券と（　①　）。また、SDGs 債が通常の債券と異なる点は、
> 環境・社会課題解決のための資金使途が特定されている点等であ
> り、複数の投資家から集められた投資資金は、直接金融市場を通じ
> て、SDGs 達成に貢献する。
> 　日本証券業協会が公表している「日本国内で公募された SDGs 債
> の発行額・発行件数の推移（2016年〜2023年）」を見ると、2023年
> 時点で発行額が最も多い SDGs 債は（　②　）である。

1 ）①同様となる　　　②ソーシャルボンド
2 ）①異なる　　　　　②グリーンボンド
3 ）①異なる　　　　　②サステナビリティ・ボンド

・解説と解答・

　SDGs に貢献する金融商品のなかでも、近年注目を集めているのは、「グリーンボンド」や「ソーシャルボンド」「サステナビリティ・ボンド」「サステナビリティ・リンク・ボンド」「トランジションボンド（トランジションボンドは、資金使途特定型（トランジションボンド）および／またはサステナビリティ・リンク型（トランジション・リンク・ボンド）の債券を含む)」などを含む、いわゆる「SDGs 債」である。

　SDGs 債は、発行体のサステナビリティ戦略における文脈に即し、環境・社会課題解決を目的として発行されるが、元利払いにおける一般的な SDGs 債の信用力は、その発行体が発行する他の通常の債券と（①同様となる）。また、SDGs 債が通常の債券と異なる点は、環境・社会課題解決のための資金使途が特定されている点等であり、複数の投資家から集められた投資資金は、直接金融市場を通じて、SDGs 達成に貢献する。

　日本証券業協会が公表している「日本国内で公募されたSDGs債の発行額・発行件数の推移（2016年～2023年）」を見ると、2023年時点で発行額が最も多いSDGs債は（②ソーシャルボンド）である。

<u>正解　1）</u>

第 5 章

ESG 金融・投資の理解・実践 Ⅱ

5－1　日本版スチュワードシップ・コード

《問》「『責任ある機関投資家』の諸原則《日本版スチュワードシップ・コード》～投資と対話を通じて企業の持続的成長を促すために～（2020年3月24日）」（以下、「日本版スチュワードシップ・コード」という）の内容に関する次の記述のうち、最も適切なものはどれか。

1）2020年3月に再改訂が行われ、「スチュワードシップ責任」の定義に、「運用戦略に応じたサステナビリティ（ESG要素を含む中長期的な持続可能性）の考慮」という文言が追加された。

2）日本版スチュワードシップ・コードの受入れを表明している機関投資家は、2024年3月31日時点で約150機関である。

3）日本版スチュワードシップ・コードは、法的拘束力のある規範であり、本コードの内容に違反した機関投資家には罰則が科せられる可能性がある。

・解説と解答・

1）適切である。日本版スチュワードシップ・コードとは、機関投資家が、顧客・受益者と投資先企業の双方を視野に入れ、責任ある機関投資家としてスチュワードシップ責任を果たすにあたり有用と考えられる8つの原則を定めたものである。

　なお、スチュワードシップ責任とは、機関投資家が、投資先企業やその事業環境等に関する深い理解のほか運用戦略に応じたサステナビリティ（ESG要素を含む中長期的な持続可能性）の考慮に基づく建設的な目的を持った対話（エンゲージメント）などを通じて、当該企業の企業価値の向上や持続的成長を促すことにより、顧客・受益者の中長期的な投資リターンの拡大を図る責任のことをいう。

　2020年3月の再改訂時に、「スチュワードシップ責任」の定義として、「運用戦略に応じたサステナビリティ（ESG要素を含む中長期的な持続可能性）の考慮」という文言が新たに追加されるなどした。なお、8つの原則は次ページ参照。

2）不適切である。日本版スチュワードシップ・コードの受入れを表明している機関投資家は、2024年3月31日時点で334機関である。

3）不適切である。日本版スチュワードシップ・コードは、法令とは異なり法
　　的拘束力を有する規範ではない。本コードの趣旨に賛同し受け入れる用意
　　がある機関投資家は、その旨を自らのウェブサイト等で表明（公表）する
　　ことが期待されるが、本コードの受入れを表明（公表）した機関投資家で
　　あっても、すべての原則を一律に実施しなければならないわけではない。

正解　1）

《日本版スチュワードシップ・コード》

原則 1	機関投資家は、スチュワードシップ責任を果たすための明確な方針を策定し、これを公表すべきである。
原則 2	機関投資家は、スチュワードシップ責任を果たす上で管理すべき利益相反について、明確な方針を策定し、これを公表すべきである。
原則 3	機関投資家は、投資先企業の持続的成長に向けてスチュワードシップ責任を適切に果たすため、当該企業の状況を的確に把握すべきである。
原則 4	機関投資家は、投資先企業との建設的な「目的を持った対話」を通じて、投資先企業と認識の共有を図るとともに、問題の改善に努めるべきである。
原則 5	機関投資家は、議決権の行使と行使結果の公表について明確な方針を持つとともに、議決権行使の方針については、単に形式的な判断基準にとどまるのではなく、投資先企業の持続的成長に資するものとなるよう工夫すべきである。
原則 6	機関投資家は、議決権の行使も含め、スチュワードシップ責任をどのように果たしているのかについて、原則として、顧客・受益者に対して定期的に報告を行うべきである。
原則 7	機関投資家は、投資先企業の持続的成長に資するよう、投資先企業やその事業環境等に関する深い理解のほか運用戦略に応じたサステナビリティの考慮に基づき、当該企業との対話やスチュワードシップ活動に伴う判断を適切に行うための実力を備えるべきである。
原則 8	機関投資家向けサービス提供者は、機関投資家がスチュワードシップ責任を果たすに当たり、適切にサービスを提供し、インベストメント・チェーン全体の機能向上に資するものとなるよう努めるべきである。

5－2　コーポレートガバナンス・コード

《問》東京証券取引所の「コーポレートガバナンス・コード（2021年6月
　　　11日）」（以下、「本コード」という）の内容に関する次の記述のう
　　　ち、最も適切なものはどれか。
1）上場会社は、社内における女性の活躍促進を含む多様性の確保を推
　　進すべきとされ、コーポレートガバナンス・コードにおいて、女
　　性・外国人の登用等における多様性の確保についての企業規模別の
　　具体的な目標値が定められている。
2）日本の上場企業の情報開示は、計表等の財務情報のみならず、ガバ
　　ナンスや社会・環境問題に関する事項（いわゆる ESG 要素）など
　　について説明等を行う非財務情報についても、様式や作成要領など
　　が詳細に定められており、比較可能性に優れているとしている。
3）取締役会は、その役割・責務を実効的に果たすための知識・経験・
　　能力を全体としてバランス良く備え、ジェンダーや国際性、職歴、
　　年齢の面を含む多様性と適正規模を両立させる形で構成されるべき
　　であるとしている。

● 解説と解答 ●

1）不適切である。本コードの原則2－4によれば、上場会社は、社内におけ
　　る女性の活躍促進を含む多様性の確保を推進すべきとされ、女性・外国
　　人・中途採用者の管理職への登用等、中核人材の登用等における多様性の
　　確保についての考え方と自主的かつ測定可能な目標を示すとともに、その
　　状況を開示すべきとされている。
　　　なお、「コーポレートガバナンス」とは、会社が、株主をはじめ顧客・
　　従業員・地域社会等の立場を踏まえたうえで、透明・公正かつ迅速・果断
　　な意思決定を行うための仕組みを意味する。
2）不適切である。本コードの基本原則3は、上場会社に対して会社の財務情
　　報および非財務情報の適切な開示を求めているが、同原則の「考え方」に
　　おいて、日本の上場会社の情報開示の現状は、「計表等については、様
　　式・作成要領などが詳細に定められており比較可能性に優れている」と評
　　価している一方で、「ガバナンスや社会・環境問題に関する事項（いわゆ
　　る ESG 要素）などについて定性的な説明等を行う非財務情報について

は、ひな型的な記述や具体性を欠く記述となっており、付加価値に乏しい
場合が少なくない」との指摘があるとしている。

3）適切である。本コードの原則 4 –11において、取締役会は、その役割・責
　務を実効的に果たすための知識・経験・能力を全体としてバランスよく備
　え、ジェンダーや国際性、職歴、年齢の面を含む多様性と適正規模を両立
　させる形で構成されるべきであるとしている。

正解　　3）

5－3　ESG 投信に関する留意事項（開示）

《問》金融庁「金融商品取引業者等向けの総合的な監督指針」（以下、「監督指針」という）の ESG 投信に関する留意事項（開示）に関する次の記述のうち、最も不適切なものはどれか。
1）ESG 投信に該当しない公募投資信託のうち、2023年3月末までに設定されたものについて、その名称または愛称に ESG に関連する用語が含まれている場合には、ESG 投信ではない旨を交付目論見書に明記する必要がある。
2）公募投資信託の運用において、特定の ESG 指数への連動を目指す場合、交付目論見書の「ファンドの目的・特色」に、参照指数における ESG の勘案方法を記載する必要がある。
3）投資信託委託会社として、ESG を主要な要素とする投資戦略に関連するスチュワードシップ方針がある場合、当該方針に沿って実施した行動を ESG 投信の交付運用報告書（上場投資信託の場合には適時開示書類）および交付目論見書の「運用実績」に継続的に記載する必要はない。

●解説と解答●

1）適切である。また、投資家に誤解を与えることのないよう、ESG 投信に該当しない公募投資信託の名称または愛称に、ESG、SDGs（Sustainable Development Goals）、グリーン、脱炭素、インパクト、サステナブルなど、ESG に関連する用語が含まれないようにする必要がある。（「監督指針」Ⅵ－2－3－5（3）①）
2）適切である。（「監督指針」Ⅵ－2－3－5（3）④）
3）不適切である。①純資産額のうち、ESG を主要な要素として選定した投資対象への投資（時価ベース）について、目標や目安とする比率がある場合には、実際の投資比率、②投資戦略において主要な要素となる ESG の評価指標について、目標や目安を設定している場合には、その達成状況、③持続可能な社会の構築に向けて、環境や社会のインパクト創出を目的としている ESG 投信について、インパクトの達成状況、などについても継続的に記載する必要がある。（「監督指針」Ⅵ－2－3－5（3）⑤）

正解　3）

5－4　ESG 評価・データ提供機関に係る行動規範

《問》金融庁「ESG 評価・データ提供機関に係る行動規範」（2022年12月）に関する次の記述のうち、最も不適切なものはどれか。
1) ESG 評価・データ提供機関は、自らが提供する評価・データ提供サービスの品質を確保するために必要な専門人材等を確保し、また、自社において、専門的能力の育成等を図るべきであるとしている。
2) ESG 評価・データ提供機関は、透明性の確保を本質的かつ優先的な課題と認識して、評価等の目的・基本的方法論等、サービス提供に当たっての基本的考え方を一般に明らかにするべきであるが、提供するサービスの策定方法・プロセス等については開示をしなくてもよいとされている。
3) ESG 評価・データ提供機関は、企業からの情報収集が評価機関・企業双方にとって効率的となり、また必要な情報が十分に得られるよう、工夫・改善すべきであるとしている。

・解説と解答・

1) 適切である。金融庁「ESG 評価・データ提供機関に係る行動規範」（2022年12月）では、以下の6つの原則が記載されている。

原則1 （品質の確保）	ESG 評価・データ提供機関は、提供する ESG 評価・データの品質確保を図るべきであり、このために必要な基本的手続き等を定めるべきである。
原則2 （人材の育成）	ESG 評価・データ提供機関は、自らが提供する評価・データ提供サービスの品質を確保するために必要な専門人材等を確保し、また、自社において、専門的能力の育成等を図るべきである。
原則3 （独立性の確保・ 利益相反の管理）	ESG 評価・データ提供機関は、独立して意思決定を行い、自らの組織・オーナーシップ、事業、投資や資金調達、その他役職員の報酬等から生じ得る利益相反に適切に対処できるよう、実効的な方針を定めるべきである。利益相反については、自ら、業務の独立性・客観性・中立性を損なう可能性のある業務・場面を特定し、潜在的な利益相反を回

	避し、またはリスクを適切に管理・低減するべきである。
原則4 （透明性の確保）	ESG評価・データ提供機関は、透明性の確保を本質的かつ優先的な課題と認識して、評価等の目的・基本的方法論等、サービス提供に当たっての基本的考え方を一般に明らかにするべきである。また、提供するサービスの策定方法・プロセス等について、十分な開示を行うべきである。
原則5 （守秘義務）	ESG評価・データ提供機関は、業務に際して非公開情報を取得する場合には、これを適切に保護するための方針・手続きを定めるべきである。
原則6 （企業とのコミュニケーション）	ESG評価・データ提供機関は、企業からの情報収集が評価機関・企業双方にとって効率的となり、また必要な情報が十分に得られるよう、工夫・改善すべきである。評価等の対象企業から開示される評価等の情報源に重要又は合理的な問題提起があった場合には、ESG評価・データ提供機関は、これに適切に対処すべきである。

2）不適切である。原則4（透明性の確保）によれば、提供するサービスの策定方法・プロセス等について、十分な開示を行うべきであるとされている。

3）適切である。

正解 2）

5－5　ESG 投資の現状

《問》日本銀行金融市場局の「ESG 投資を巡るわが国の機関投資家の動
　　向について」（2020年 7 月）の内容に関する次の記述のうち、最も
　　不適切なものはどれか。
1 ）欧州における ESG 投資手法としては、投資家が設定した基準を満
　　たさない企業を一律に投資対象から除外する「ネガティブ・スクリ
　　ーニング」の割合が高い傾向にある。
2 ）機関投資家が ESG 投資を行う理由について、日本の機関投資家か
　　らは、「（本業とは直接関係ない）ボランティアなどの CSR（企業
　　の社会的責任）活動の延長として取り組んでいる」「レピュテーシ
　　ョン改善効果が主目的」といった声も少なからず聞かれ、目的意識
　　がまちまちであることが指摘されている。
3 ）ESG 情報の開示には相応のコストが伴うため、大企業ほど ESG 情
　　報を開示している（開示できる）傾向があるが、本邦企業について
　　は、公害問題に対応してきた経緯などから、企業規模対比で見ても
　　世界と比べて情報開示量が充実しているとされている。

解説と解答

1 ）適切である。ESG 投資の起源は、1920年代にキリスト教会の資金を運用
　　する際に、酒・たばこ・ギャンブルなどの宗教上の倫理に反するとされた
　　ものを投資対象から除外したことにあると言われている。
　　　こうした歴史的背景もあり、欧州における ESG 投資手法としては、投
　　資家が設定した基準を満たさない企業を一律に投資対象から除外する投資
　　手法である「ネガティブ・スクリーニング」の割合が高い傾向にある。
2 ）適切である。また、日本の機関投資家が直面する ESG 投資に係る実務上
　　の課題として、①ESG 投資に利用可能な情報が限られている、②ESG
　　要素と金銭的リターンの関係性に確信が持てない、③先行きのリスクなど
　　を検討するにあたり、考慮すべき要素（政治・政策、科学技術、気候変動
　　の影響度など）に係る不確実性が大きい、④最新の科学技術などの専門知
　　識を活用できる体制を整備する必要がある、といった点が多くの市場関係
　　者から共通して指摘されている。
3 ）不適切である。もともと本邦企業は、1960年代の公害問題に対応してきた

ことなどから、環境意識は高いと言われているが、そうした経緯から、企業からの情報発信の対象としては主に規制当局が念頭に置かれ、「満たすべき明確な環境基準をクリアできているか」という視点で情報発信が行われてきたと言われている。

　足下の ESG 投資の潮流のなかでは、情報発信の対象は規制当局から投資家へと変わり、かつ、その内容については明確な基準は設けられていない。そのため、新たな情報開示のニーズへの対応に戸惑っている企業が多く、結果的に情報開示量の少なさにつながっていると指摘されている。

__正解　3）__

5－6　ESG投資の種類／ESGインテグレーション

《問》ESGインテグレーションに関する以下の文章の空欄①、②にあてはまる語句の組合せとして、次のうち最も適切なものはどれか。

　　ESGインテグレーションとは、マクロ経済環境の分析や企業の業績予測などの通常の財務分析のなかに（　①　）要因を組み込んで分析する方法をいう。
　　金融庁の「ESG関連公募投資信託を巡る状況」（2022年4月）によると、現在、多くの資産運用会社が「ESGインテグレーションは、これまで評価されてこなかった投資機会や投資リスクの特定につながるものであり、ポートフォリオの（　②　）なパフォーマンスに優位に影響する可能性がある」と考えている。

1 ）①ESG　　　　　②長期的
2 ）①ESG　　　　　②中期的
3 ）①気候変動　　　②長期的

● 解説と解答 ●

　ESGインテグレーションとは、マクロ経済環境の分析や企業の業績予測などの通常の財務分析のなかに（①ESG）要因を組み込んで分析する方法をいう。
　金融庁の「ESG関連公募投資信託を巡る状況」（2022年4月）によると、現在、多くの資産運用会社が「ESGインテグレーションは、これまで評価されてこなかった投資機会や投資リスクの特定につながるものであり、ポートフォリオの（②長期的）なパフォーマンスに優位に影響する可能性がある」と考えている。
　したがって、1 ）が適切である。

<u>正解　1 ）</u>

5－7　ESG投資の種類／インパクト投資

《問》インパクト投資に関する以下の文章の空欄①、②にあてはまる語句の組合せとして、次のうち最も適切なものはどれか。

> インパクト投資とは、社会や環境等に貢献する技術・サービスを提供する企業に対する投資であり、（　①　）企業を対象とすることが多い。インパクト投資は、財務的リターンと並行して、ポジティブで（　②　）な社会的および環境的インパクトを同時に生み出すことを意図しており、ESG投資と比べて、投資がもたらす社会面・環境面での課題解決をより強く意図していることが特徴である。

1）①規模の小さい非上場　　②測定不可能
2）①規模の小さい非上場　　②測定可能
3）①上場　　　　　　　　②測定可能

・解説と解答・

　インパクト投資とは、社会や環境等に貢献する技術・サービスを提供する企業に対する投資であり、（①規模の小さい非上場）企業を対象とすることが多く、ベンチャーキャピタル等を中心に行われている。インパクト投資は、財務的リターンと並行して、ポジティブで（②測定可能）な社会的および環境的インパクトを同時に生み出すことを意図しており、ESG投資と比べて、投資がもたらす社会面・環境面での課題解決をより強く意図していることが特徴である。

　したがって、2）が適切である。

<u>正解　2）</u>

5－8　ESG投資の種類／エンゲージメント（議決権行使）

《問》ESG投資に係るエンゲージメントに関する以下の文章の空欄①、②にあてはまる語句の組合せとして、次のうち最も適切なものはどれか。

> エンゲージメントとは、投資先企業の行動に（　①　）の立場から関与していくことをいい、エンゲージメントを通じて投資先企業のESG課題の改善を図ることも、ESG投資の主要な方法の1つとなっている。
>
> スチュワードシップ・コードでは、エンゲージメントを（　②　）的な「目的を持った対話」としている。
>
> エンゲージメントは、具体的な課題（アジェンダ）を設定し、達成すべきゴールを定めて行う対話であり、議決権行使は対話の手段の1つとして、エンゲージメントに含まれる場合がある。

1）①資金提供者　　　②建設
2）①資金提供者　　　②最終
3）①金融機関　　　　②最終

・解説と解答・

　エンゲージメントとは、投資先企業の行動に（①資金提供者）の立場から関与していくことをいい、エンゲージメントを通じて投資先企業のESG課題の改善を図ることも、ESG投資の主要な方法の1つとなっている。

　スチュワードシップ・コードでは、エンゲージメントを（②建設）的な「目的を持った対話」としている。

　エンゲージメントは、具体的な課題（アジェンダ）を設定し、達成すべきゴールを定めて行う対話であり、議決権行使は対話の手段の1つとして、エンゲージメントに含まれる場合がある。

　したがって、1）が適切である。

正解　1）

5－9　ESG 投資の種類／サステナビリティ・テーマ型投資

《問》サステナビリティ・テーマ型投資に関する以下の文章の空欄にあて
はまる語句として、次のうち最も適切なものはどれか。

　　サステナビリティ・テーマ型投資とは、女性活躍推進、再生可能
　エネルギーなど、サステナビリティに貢献しうる投資テーマや企業
　に投資するものであり、（　　　）などが代表的な商品である。

1）グリーンボンド
2）カバードボンド
3）ハイイールドボンド

・解説と解答・

　サステナビリティ・テーマ型投資とは、女性活躍推進、再生可能エネルギー
など、サステナビリティに貢献しうる投資テーマや企業に投資するものであ
り、（グリーンボンド）などが代表的な商品である。

　したがって、1）が適切である。

正解　1）

5−10　ESG投資の種類／ネガティブ・スクリーニング

《問》ESG投資に係るネガティブ・スクリーニングに関する以下の文章
　　の空欄①、②にあてはまる語句の組合せとして、次のうち最も適切
　　なものはどれか。

　（　①　）は、特定の業種に関わる企業を投資対象から除外する
投資手法である「ネガティブ・スクリーニング」の一種で、今後、
規制や社会環境の変化により価値を失う可能性がある資産を抱える
企業への投資をリスクと捉え、投資リスクを避けるための投資判断
として売却することをいう。
　最近では、（　②　）火力発電への投資からの撤退などで話題に
なることが多く、（②）などの化石燃料に関わる企業への投資は、
地球温暖化を助長させるとしてリスクと判断されている例がある。

1）①ダイベストメント　　　②メタンハイドレート
2）①ダイベストメント　　　②石炭
3）①インベストメント　　　②石炭

・解説と解答・

　（①ダイベストメント（投資撤退））は、特定の業種に関わる企業を投資対象
から除外する投資手法である「ネガティブ・スクリーニング」の一種で、今
後、規制や社会環境の変化により価値を失う可能性がある資産を抱える企業へ
の投資をリスクと捉え、投資リスクを避けるための投資判断として売却するこ
とをいう。
　最近では、（②石炭）火力発電への投資からの撤退などで話題になることが
多く、（②石炭）などの化石燃料に関わる企業への投資は、地球温暖化を助長
させるとしてリスクと判断されている例がある。
　したがって、2）が適切である。

正解　2）

5 −11　ESG 投資の種類／ポジティブ・スクリーニング等

《問》ESG 投資に係るポジティブ・スクリーニング等に関する次の記述のうち、最も不適切なものはどれか。

1 ）ポジティブ・スクリーニングとは、企業を ESG の観点から評価し、一定の基準を満たす ESG 評価の高い企業を投資先として選択する投資手法である。

2 ）年金積立金管理運用独立行政法人（GPIF）は、その運用指標として複数の ESG 指数を採用しているが、原則として、指数会社が ESG の観点から設けた基準に沿って行った評価が高い銘柄を組み入れたり、組入比率を高めたりする「ポジティブ・スクリーニング」による銘柄選定を基本としている。

3 ）ベスト・イン・クラスとは、独自の時価総額基準でスクリーニングした後、ESG 評価が相対的に高い企業を選んで投資する方法をいう。

・解説と解答・

1 ）適切である。ポジティブ・スクリーニングとは、企業を ESG の観点から評価し、一定の基準を満たす ESG 評価の高い企業を投資先として選択する投資手法である。例えば、「ESG スコア（問 5 −15参照）でAランク以上」などと、まず ESG 評価の高い企業を選び、そこからさらに財務的な分析を加味して投資先を決める、といった方法である。

2 ）適切である。年金積立金管理運用独立行政法人（Government Pension Investment Fund：GPIF）は、その運用指標として複数の ESG 指数を採用しているが、原則として、指数会社が ESG の観点から設けた基準に沿って行った評価が高い銘柄を組み入れたり、組入比率を高めたりする「ポジティブ・スクリーニング」による銘柄選定を基本としている。特定の財・サービスを提供する企業を形式的に除外することは行わず、株式市場の底上げを図るために幅広い企業を対象としている ESG 指数を採用の基準としている。

3 ）不適切である。ベスト・イン・クラスとは、業種ごとに ESG 評価が相対的に高い企業を選んで投資する方法をいう。これもポジティブ・スクリーニングの一種といえる。　　　　　　　　　　　　　<u>正解　3 ）</u>

5 −12 グリーンボンド、グリーンローン

《問》グリーンボンドおよびグリーンローンに関する次の記述のうち、最も不適切なものはどれか。
1) 環境省が定めた「グリーンボンドガイドライン」では、グリーンボンドを発行することによる発行体のメリットの 1 つとして「グリーンボンド発行に関する取組みや、投資家との対話を通じたサステナビリティ経営の高度化」を挙げている。
2) 環境省が定めた「グリーンボンドガイドライン」では、グリーンボンドへ投資することによる投資家のメリットの 1 つとして「リスクヘッジ」を挙げている。
3) ローン市場協会（LMA）等が2018年に公表したグリーンローン原則は、グリーンボンド原則とは異なり、資金使途はグリーンプロジェクトに限定されていない。

・解説と解答・

1) 適切である。グリーンボンドとは、企業や地方自治体等が、国内外のグリーンプロジェクトに要する資金を調達するために発行する債券のことである。

　環境省が定めた「グリーンボンドガイドライン」では、グリーンボンドを発行することによる発行体のメリットとして、「グリーンボンド発行に関する取組みや、投資家との対話を通じたサステナビリティ経営の高度化」「新たな投資家層の獲得による資金調達基盤の強化、投資家との対話による調達の安定化」「グリーンプロジェクト推進に関する積極性のアピールを通じた社会的な支持の獲得」「比較的好条件での資金調達の可能性」を挙げている。

　また、「グリーンボンドガイドライン」では、グリーンボンドの発行体は、調達資金のすべてがグリーンプロジェクトに充当されるまでは、少なくとも 1 年に 1 回および大きな状況の変化があった場合、調達資金の使用状況を開示すべきであるとしている。

2) 適切である。「グリーンボンドガイドライン」によれば、グリーンボンドについては、通常の債券等と比較し、ボラティリティが低い可能性が指摘されている。そのため、価格変動リスクを抑制したい投資家にとって、有

効な投資先の1つとなる場合も考えられる。

　なお、グリーンボンドガイドラインは、グリーンボンド一般の「グリーン性」に対する社会的な信頼が維持されることは重要であり、特にグリーンウォッシュの懸念がある債券（実際は環境改善効果がない、または調達資金が適正に環境事業に充当されていないにもかかわらず、グリーンボンドと称する債券）がグリーンボンドとして市場に出回ることを防止することは、グリーンボンドに投資を行う投資家の保護という観点からもきわめて重要であるとしている。

3）不適切である。2018年に、グリーンボンド原則（Green Bond Principles、GBP）をモデルに、ローン・マーケット・アソシエイション（ローン市場協会、LMA）等が公表したグリーンローン原則は、グリーンボンド原則の内容をほぼ踏襲しており、資金使途をグリーンプロジェクトに限定し、調達資金を借手がきちんと管理、レポーティングすることでグリーンローンと称することを認めている。

　また、グリーンボンド原則とは、グリーンボンドの透明性の確保、情報開示およびレポーティングを推奨し、市場の秩序形成を促進させるための国際的なガイドラインである。

正解　3）

5 −13　ソーシャルボンド等

《問》ソーシャルボンド等に関する次の記述のうち、最も適切なものはどれか。
 1 ）ソーシャルボンドとは、調達資金を社会的課題の解決に資するソーシャルプロジェクトに充当すると約束して発行する債券である。
 2 ）資金使途が、グリーンプロジェクトとソーシャルプロジェクトの両方にまたがるプロジェクトに要する資金を調達するために発行する債券を「コミュニティボンド」という。
 3 ）融資先が野心的かつ有意義なサステナビリティ・パフォーマンス・ターゲットを達成することを動機付けるような仕組みを備えたローンを「サステナビリティ・グロース・ローン」という。

・解説と解答・

1 ）適切である。なお、金融庁の「ソーシャルボンドガイドライン」（2021年10月）では、ソーシャルボンドに求められる 4 つの「核となる要素」（調達資金の使途、プロジェクトの評価および選定のプロセス、調達資金の管理、レポーティング）と「重要な推奨項目」（ソーシャルボンド発行のためのフレームワーク、外部機関によるレビュー）を規定している。
2 ）不適切である。資金使途が、グリーンプロジェクトとソーシャルプロジェクトの両方にまたがるプロジェクトに要する資金を調達するために発行する債券を「サステナビリティボンド」という。
3 ）不適切である。融資先が野心的かつ有意義なサステナビリティ・パフォーマンス・ターゲット（SPTs）を達成することを動機付けるような仕組みを備えたローンを「サステナビリティ・リンク・ローン」という。
　　サステナビリティ・リンク・ローンは、借手が貸手と協議してサステナビリティ・パフォーマンス・ターゲットを設定し、その達成状況に応じて金利を引き下げるなど、サステナビリティ・パフォーマンス・ターゲットと融資条件を結びつけるものである。グリーンローンとは異なり、資金使途を限定しておらず、通常の運転資金にも使えることから、借手にとっての使い勝手はよいとされている。

正解　 1 ）

5−14 サステナビリティ・リンク・ローン等

《問》サステナビリティ・リンク・ローンに関する次の記述のうち、最も
不適切なものはどれか。
1) サステナビリティ・リンク・ローンは、グリーンローンと異なり、
調達資金の融資対象が特定のプロジェクトに限定されない。
2) サステナビリティ・リンク・ローンは、借手が貸手と協議してサス
テナビリティ・パフォーマンス・ターゲットを設定し、その達成状
況に応じて金利を引き下げるなど、サステナビリティ・パフォーマ
ンス・ターゲットと融資条件を結びつけるものである。
3) サステナビリティ・リンク・ローンは、資金使途をグリーンローン
プロジェクト、女性活躍推進（男女同権）および衛生・福祉・教育
関係に限定されていることから、借手にとっての使い勝手は必ずし
もよいとは言えない。

・解説と解答・

1) 適切である。なお、サステナビリティ・リンク・ローンとは、融資先が野
心的かつ有意義なサステナビリティ・パフォーマンス・ターゲット
（SPTs）を達成することを奨励するローンである。
　　具体的には、①借り手の包括的な社会的責任に係る戦略で掲げられたサ
ステナビリティ目標と SPTs との関係が整理され、②適切な SPTs を事前
に設定してサステナビリティの改善度合を測定し、③それらに関する融資
後のレポーティングを通じ透明性が確保されたローンをいう。
2) 適切である。
3) 不適切である。サステナビリティ・リンク・ローンは、資金使途を限定し
ておらず、通常の運転資金にも使えることから、借手にとっての使い勝手
はよいとされている。

正解　3)

5 −15　ESG スコア

《問》ESG スコアに関する次の記述のうち、最も適切なものはどれか。
1 ）ESG スコアとは、ESG に対する取組みやその効果の度合い（ESG パフォーマンス）やリスクを示す情報であり、世界銀行が定期的に公表している。
2 ）ESG スコアは、社債の信用格付と同様に、ESG スコアの付与を希望する企業が、ESG 評価機関への依頼・費用の支払を行うことで付与される。
3 ）ESG スコアの問題点として、それが正しいか否かについて、客観的に検証することが困難な点が挙げられる。

・解説と解答・

1 ）不適切である。ESG スコアは、株式インデックスを提供する会社や金融情報ベンダー、気候変動・環境評価などの会社、ガバナンス評価会社などさまざまなバックグラウンドを有する ESG 評価機関が提供している。

　ESG スコアのほか、ESG 格付や ESG レーティングなどと呼ばれることもあり、ESG 評価機関としては、Bloomberg や FTSE、MSCI 等がある。
2 ）不適切である。ESG スコアは、社債の信用格付とは異なり、一般に、ESG 評価機関が独自に選定した企業に対し、調査・アンケート等を行い付与される。いわば、ESG 評価機関による一種の「勝手格付」であると言える。

　ESG スコアの利用を希望する投資家等が、ESG 評価機関への利用申出・料金の支払を行うことで、ESG スコア等の情報が提供される。
3 ）適切である。信用格付の場合には、デフォルト率の実績などから、その格付会社の提供する格付に対する信用性等について事後的に検証できる一方、ESG スコアの場合には、その検証が難しいとされている。

　各 ESG 評価機関の提供する ESG スコアは、それぞれ特徴があり、ESG スコアを参考に ESG 投資を行う場合は、各 ESG スコアの特徴を把握したうえで行うことが重要である。

正解　3 ）

5－16　ESG 投資／ESG 関連用語①

《問》ESG 関連用語に関する次の記述のうち、最も不適切なものはどれ
か。
1) トリプル・ボトム・ラインとは、経済面だけではなく社会面、環境
面の3つの視点から企業活動の評価を行うべきという考え方を言
う。
2) CAT ボンドとは、企業等が、動物愛護等に係るプロジェクトに要
する資金を調達するために発行する債券を指す。
3) 「CASBEE」(建築環境総合性能評価システム) とは、建築物の環
境性能を評価し格付する手法であり、省エネルギーや環境負荷の少
ない資機材の使用といった環境配慮はもとより、室内の快適性や景
観への配慮なども含めた建物の品質を総合的に評価するシステムで
ある。

● 解説と解答 ●

1) 適切である。もともとボトム・ラインとは、損益計算書の最終行、つまり
当期純利益を表す言葉であるが、トリプル・ボトム・ラインは、本来のボ
トム・ライン(経済面)に加えて、社会面、環境面からも企業活動を評価
することが重要であるという考え方である。
　　この考え方は、CSR 報告書等のガイドラインとして日本で広く活用さ
れている GRI スタンダードにも承継されている。
2) 不適切である。CAT ボンドとは、Catastrophe Bond の略称であり、大災
害債券ともいう。自然災害のリスクを保険会社や再保険会社、事業会社か
ら特別目的会社を通じて資本市場に移転させる手法である。
　　CAT ボンドは、資本市場にリスクを移転させることで、自然災害向け
の保険市場を滞らせないようにすることを目的として、1990年代から活用
されるようになった。
3) 適切である。CASBEE は、建築物の環境に対するさまざまな側面を客観
的に評価するという目的から、①建築物のライフサイクルを通じた評価が
できること、②「建築物の環境品質(Q)」と「建築物の環境負荷(L)」
の両側面から評価すること、③「環境効率」の考え方を用いて新たに開発
された評価指標「BEE(建築物の環境性能効率、Built Environment Effi-

ciency)」で評価すること、という 3 つの理念に基づいて開発されている
特徴がある。

<u>正解　2)</u>

5 −17 ESG 投資／ESG 関連用語②

> 《問》ESG 関連用語に関する次の記述のうち、最も不適切なものはどれ
> か。
> 1）マイクロファイナンスとは、低所得者層が起業する際に活用される
> デジタル技術を用いた資金調達手法の一種である。
> 2）CAT ボンドは、一般的な金融商品と比べて景気循環や市場情勢と
> の連動性が低いことや、同程度の格付の会社が発行する普通社債よ
> りも金利が高く設定されることが一般的である。
> 3）労働情報開示イニシアティブ（WDI）とは、企業に対して労働関
> 連の情報開示を要求する機関投資家の共同イニシアティブである。

・解説と解答・

1）不適切である。マイクロファイナンスとは、融資、預貯金および送金等を
含む貧困層向けの小規模金融サービスの総称である。

　　マイクロファイナンスを扱う金融機関は、これまで金融サービスとは縁
遠かった貧困層に対し、少額で無担保・低担保の融資を行い、貧困層が資
金を零細事業の運営に役立て、自立し、貧困から脱出することを支援する
役割を担うこととなる。バングラデシュにあるグラミン銀行が、その先駆
けとして有名である。

2）適切である。CAT ボンドは、トリガーイベント（あらかじめ定めた一定
規模以上の自然災害等）が発生した場合に、一定金額を発行会社に対して
支払い、その分投資家に支払われる償還金額が減少する仕組みの債券であ
る。

　　トリガーイベントが発生しなかった場合、CAT ボンドを購入した投資
家は、一般に、同程度の格付の会社が発行する普通社債よりも高い金利を
受け取り、償還時には額面金額の償還を受ける。

　　また、CAT ボンドは、一般的な金融商品と比べて景気循環や市場情勢
との連動性が低いといわれている。

3）適切である。労働情報開示イニシアティブ（Workforce Disclosure Initia-
tive、WDI）とは、2017年に ESG 投資を推進する NGO である Share Ac-
tion が提唱した、企業に対して労働関連の情報開示を要求する機関投資家
の共同イニシアティブである。

　同イニシアティブは、企業の就業規則や労働慣行などを細かくチェックし、同業他社と比べて労働リスクや機会を把握していくものであり、ESGの「Social：社会」の課題として人事・労務が取り上げられるようになったことを示すという意味で注目されている。

正解　1）

5－18 ESG投資／なでしこ銘柄

《問》「なでしこ銘柄」の内容に関する以下の文章の空欄①、②にあては
まる語句の組合せとして、次のうち最も適切なものはどれか。

> 「なでしこ銘柄」とは、（ ① ）と東京証券取引所が共同で、
> 2012年より女性活躍推進に優れた上場企業を選定したものであり、
> 中長期の企業価値向上を重視する投資家にとって魅力ある銘柄とし
> て紹介することを通じて、企業への投資を促進し、各企業の女性活
> 躍推進の取組みを加速化することを目的としている。
> 　一定のスクリーニング要件を満たした企業について、定量的なデー
> タと定性的な情報の双方を基に評価を行い、（ ② ）上位にラ
> ンクインした企業を「なでしこ銘柄」として選定する。

1）①金融庁　　　　　②全体のなかで
2）①経済産業省　　　②全体のなかで
3）①経済産業省　　　②業種ごとに

・解説と解答・

　「なでしこ銘柄」とは、（①経済産業省）と東京証券取引所が共同で、2012年
より女性活躍推進に優れた上場企業を選定したものであり、中長期の企業価値
向上を重視する投資家にとって魅力ある銘柄として紹介することを通じて、企
業への投資を促進し、各企業の女性活躍推進の取組みを加速化することを目的
としている。

　一定のスクリーニング要件を満たした企業について、定量的なデータと定性
的な情報の双方を基に評価を行い、（②業種ごとに）上位にランクインした企
業を「なでしこ銘柄」として選定する。2023年度は、27社が選定されている。

　なお、2023年度からは新たに「共働き・共育てを可能にする男女問わない両
立支援」が特に優れた上場企業を「Nextなでしこ共働き共育て支援企業」と
し、合計16社が選定されている。

　したがって、3）が適切である。

正解　3）

5−19　ESG 投資／健康経営銘柄

《問》「健康経営銘柄」の内容に関する以下の文章の空欄①、②にあてはまる語句の組合せとして、次のうち最も適切なものはどれか。

> 「健康経営銘柄」とは、東京証券取引所に上場している企業のなかから「健康経営（従業員等の健康管理を経営的な視点で考え、戦略的に実践すること）」に優れた企業を選定したものであり、（　①　）的な視点からの企業価値の向上を重視する投資家にとって魅力ある企業として紹介することを通じ、企業による健康経営の取組みを促進することを目的としている。
>
> 「健康経営銘柄」の選定に際しては、経営から現場までの各視点から健康の取組みが行われているかを評価するため、「健康経営が（　②　）に位置付けられているか」「健康経営に取り組むための組織体制が構築されているか」「健康経営に取り組むための制度があり、施策が実行されているか」「健康経営の取組みを評価し、改善に取り組んでいるか」「法令を遵守しているか」などの観点から評価を行う。

1）①長期　　　　　②経営理念・方針
2）①長期　　　　　②経営戦略
3）①短期　　　　　②経営理念・方針

・解説と解答・

　「健康経営銘柄」とは、東京証券取引所に上場している企業のなかから「健康経営（従業員等の健康管理を経営的な視点で考え、戦略的に実践すること）」に優れた企業を選定したものであり、（①長期）的な視点からの企業価値の向上を重視する投資家にとって魅力ある企業として紹介することを通じ、企業による健康経営の取組みを促進することを目的としている。

　「健康経営銘柄」の選定に際しては、経営から現場までの各視点から健康の取組みが行われているかを評価するため、「健康経営が（②経営理念・方針）に位置付けられているか」「健康経営に取り組むための組織体制が構築されているか」「健康経営に取り組むための制度があり、施策が実行されているか」「健康経営の取組みを評価し、改善に取り組んでいるか」「法令を遵守している

か」などの観点から評価を行う。

　なお、「健康経営」は、NPO 法人健康経営研究会の登録商標である。

　したがって、1）が適切である。

正解　1）

5 −20　ESG 投資／DX 銘柄

《問》「DX 銘柄」の内容に関する以下の文章の空欄①、②にあてはまる
　　語句の組合せとして、次のうち最も適切なものはどれか。

　　　「DX 銘柄」とは、東京証券取引所に上場している企業のなかか
　　ら、（　①　）の向上につながる DX を推進するための仕組みを社
　　内に構築し、優れたデジタル活用の実績が表れている企業を選定す
　　ることで、目標となる企業モデルを広く波及させるとともに、IT
　　利活用の重要性に関する（　②　）の意識変革を促すことを目的と
　　しており、投資家を含むステークホルダーへの紹介を通して評価を
　　受ける枠組みを創設し、企業による DX の更なる促進を図ってい
　　る。

1）①企業価値　　　　②経営者
2）①企業価値　　　　②従業員
3）①生産性　　　　　②従業員

・解説と解答・

　「DX 銘柄」とは、東京証券取引所に上場している企業のなかから、（①企業
価値）の向上につながる DX を推進するための仕組みを社内に構築し、優れた
デジタル活用の実績が表れている企業を選定することで、目標となる企業モデ
ルを広く波及させるとともに、IT 利活用の重要性に関する（②経営者）の意
識変革を促すことを目的としており、投資家を含むステークホルダーへの紹介
を通して評価を受ける枠組みを創設し、企業による DX の更なる促進を図って
いる。

　したがって、1）が適切である。

正解　1）

《巻末資料１》SDGs（持続可能な開発目標）17の目標と169のターゲット

外務省「SDGs グローバル指標（SDGs Indicators）」より

1: 貧困をなくそう

1.1　2030年までに、現在１日1.25ドル未満で生活する人々と定義されている極度の貧困をあらゆる場所で終わらせる。

1.2　2030年までに、各国定義によるあらゆる次元の貧困状態にある、全ての年齢の男性、女性、子供の割合を半減させる。

1.3　各国において最低限の基準を含む適切な社会保護制度及び対策を実施し、2030年までに貧困層及び脆弱層に対し十分な保護を達成する。

1.4　2030年までに、貧困層及び脆弱層をはじめ、全ての男性及び女性が、基礎的サービスへのアクセス、土地及びその他の形態の財産に対する所有権と管理権限、相続財産、天然資源、適切な新技術、マイクロファイナンスを含む金融サービスに加え、経済的資源についても平等な権利を持つことができるように確保する。

1.5　2030年までに、貧困層や脆弱な状況にある人々の強靱性（レジリエンス）を構築し、気候変動に関連する極端な気象現象やその他の経済、社会、環境的ショックや災害に暴露や脆弱性を軽減する。

1.a　あらゆる次元での貧困を終わらせるための計画や政策を実施するべく、後発開発途上国をはじめとする開発途上国に対して適切かつ予測可能な手段を講じるため、開発協力の強化などを通じて、さまざまな供給源からの相当量の資源の動員を確保する。

1.b　貧困撲滅のための行動への投資拡大を支援するため、国、地域及び国際レベルで、貧困層やジェンダーに配慮した開発戦略に基づいた適正な政策的枠組みを構築する。

2: 飢餓をゼロに

2.1　2030年までに、飢餓を撲滅し、全ての人々、特に貧困層及び幼児を含む脆弱な立場にある人々が一年中安全かつ栄養のある食料を十分得られるようにする。

2.2　５歳未満の子供の発育阻害や消耗性疾患について国際的に合意されたタ

ーゲットを2025年までに達成するなど、2030年までにあらゆる形態の栄養不良を解消し、若年女子、妊婦・授乳婦及び高齢者の栄養ニーズへの対処を行う。

2.3　2030年までに、土地、その他の生産資源や、投入財、知識、金融サービス、市場及び高付加価値化や非農業雇用の機会への確実かつ平等なアクセスの確保などを通じて、女性、先住民、家族農家、牧畜民及び漁業者をはじめとする小規模食料生産者の農業生産性及び所得を倍増させる。

2.4　2030年までに、生産性を向上させ、生産量を増やし、生態系を維持し、気候変動や極端な気象現象、干ばつ、洪水及びその他の災害に対する適応能力を向上させ、漸進的に土地と土壌の質を改善させるような、持続可能な食料生産システムを確保し、強靭（レジリエント）な農業を実践する。

2.5　2020年までに、国、地域及び国際レベルで適正に管理及び多様化された種子・植物バンクなども通じて、種子、栽培植物、飼育・家畜化された動物及びこれらの近縁野生種の遺伝的多様性を維持し、国際的合意に基づき、遺伝資源及びこれに関連する伝統的な知識へのアクセス及びその利用から生じる利益の公正かつ衡平な配分を促進する。

2.a　開発途上国、特に後発開発途上国における農業生産能力向上のために、国際協力の強化などを通じて、農村インフラ、農業研究・普及サービス、技術開発及び植物・家畜のジーン・バンクへの投資の拡大を図る。

2.b　ドーハ開発ラウンドのマンデートに従い、全ての農産物輸出補助金及び同等の効果を持つ全ての輸出措置の同時撤廃などを通じて、世界の市場における貿易制限や歪みを是正及び防止する。

2.c　食料価格の極端な変動に歯止めをかけるため、食料市場及びデリバティブ市場の適正な機能を確保するための措置を講じ、食料備蓄などの市場情報への適時のアクセスを容易にする。

3: すべての人に健康と福祉を

3.1　2030年までに、世界の妊産婦の死亡率を出生10万人当たり70人未満に削減する。

3.2　全ての国が新生児死亡率を少なくとも出生1,000件中12件以下まで減らし、5歳以下死亡率を少なくとも出生1,000件中25件以下まで減らすことを目指し、2030年までに、新生児及び5歳未満児の予防可能な死亡を根絶する。

3.3　2030年までに、エイズ、結核、マラリア及び顧みられない熱帯病といった伝染病を根絶するとともに肝炎、水系感染症及びその他の感染症に対処す

る。

3.4　2030年までに、非感染性疾患による若年死亡率を、予防や治療を通じて3分の1減少させ、精神保健及び福祉を促進する。

3.5　薬物乱用やアルコールの有害な摂取を含む、物質乱用の防止・治療を強化する。

3.6　2020年までに、世界の道路交通事故による死傷者を半減させる。

3.7　2030年までに、家族計画、情報・教育及び性と生殖に関する健康の国家戦略・計画への組み入れを含む、性と生殖に関する保健サービスを全ての人々が利用できるようにする。

3.8　全ての人々に対する財政リスクからの保護、質の高い基礎的な保健サービスへのアクセス及び安全で効果的かつ質が高く安価な必須医薬品とワクチンへのアクセスを含む、ユニバーサル・ヘルス・カバレッジ（UHC）を達成する。

3.9　2030年までに、有害化学物質、並びに大気、水質及び土壌の汚染による死亡及び疾病の件数を大幅に減少させる。

3.a　全ての国々において、たばこの規制に関する世界保健機関枠組条約の実施を適宜強化する。

3.b　主に開発途上国に影響を及ぼす感染性及び非感染性疾患のワクチン及び医薬品の研究開発を支援する。また、知的所有権の貿易関連の側面に関する協定（TRIPS協定）及び公衆の健康に関するドーハ宣言に従い、安価な必須医薬品及びワクチンへのアクセスを提供する。同宣言は公衆衛生保護及び、特に全ての人々への医薬品のアクセス提供にかかわる「知的所有権の貿易関連の側面に関する協定（TRIPS協定）」の柔軟性に関する規定を最大限に行使する開発途上国の権利を確約したものである。

3.c　開発途上国、特に後発開発途上国及び小島嶼開発途上国において保健財政及び保健人材の採用、能力開発・訓練及び定着を大幅に拡大させる。

3.d　全ての国々、特に開発途上国の国家・世界規模な健康危険因子の早期警告、危険因子緩和及び危険因子管理のための能力を強化する。

4: 質の高い教育をみんなに

4.1　2030年までに、全ての子供が男女の区別なく、適切かつ効果的な学習成果をもたらす、無償かつ公正で質の高い初等教育及び中等教育を修了できるようにする。

4.2　2030年までに、全ての子供が男女の区別なく、質の高い乳幼児の発達・ケア及び就学前教育にアクセスすることにより、初等教育を受ける準備が整うようにする。

4.3　2030年までに、全ての人々が男女の区別なく、手の届く質の高い技術教育・職業教育及び大学を含む高等教育への平等なアクセスを得られるようにする。

4.4　2030年までに、技術的・職業的スキルなど、雇用、働きがいのある人間らしい仕事及び起業に必要な技能を備えた若者と成人の割合を大幅に増加させる。

4.5　2030年までに、教育におけるジェンダー格差を無くし、障害者、先住民及び脆弱な立場にある子供など、脆弱層があらゆるレベルの教育や職業訓練に平等にアクセスできるようにする。

4.6　2030年までに、全ての若者及び大多数（男女ともに）の成人が、読み書き能力及び基本的な計算能力を身に付けられるようにする。

4.7　2030年までに、持続可能な開発のための教育及び持続可能なライフスタイル、人権、男女の平等、平和及び非暴力的文化の推進、グローバル・シチズンシップ、文化多様性と文化の持続可能な開発への貢献の理解の教育を通して、全ての学習者が、持続可能な開発を促進するために必要な知識及び技能を習得できるようにする。

4.a　子供、障害及びジェンダーに配慮した教育施設を構築・改良し、全ての人々に安全で非暴力的、包摂的、効果的な学習環境を提供できるようにする。

4.b　2020年までに、開発途上国、特に後発開発途上国及び小島嶼開発途上国、並びにアフリカ諸国を対象とした、職業訓練、情報通信技術（ICT）、技術・工学・科学プログラムなど、先進国及びその他の開発途上国における高等教育の奨学金の件数を全世界で大幅に増加させる。

4.c　2030年までに、開発途上国、特に後発開発途上国及び小島嶼開発途上国における教員研修のための国際協力などを通じて、質の高い教員の数を大幅に増加させる。

5: ジェンダー平等を実現しよう

5.1　あらゆる場所における全ての女性及び女児に対するあらゆる形態の差別を撤廃する。

5.2　人身売買や性的、その他の種類の搾取など、全ての女性及び女児に対す

る、公共・私的空間におけるあらゆる形態の暴力を排除する。

5.3　未成年者の結婚、早期結婚、強制結婚及び女性器切除など、あらゆる有害な慣行を撤廃する。

5.4　公共のサービス、インフラ及び社会保障政策の提供、並びに各国の状況に応じた世帯・家族内における責任分担を通じて、無報酬の育児・介護や家事労働を認識・評価する。

5.5　政治、経済、公共分野でのあらゆるレベルの意思決定において、完全かつ効果的な女性の参画及び平等なリーダーシップの機会を確保する。

5.6　国際人口・開発会議（ICPD）の行動計画及び北京行動綱領、並びにこれらの検証会議の成果文書に従い、性と生殖に関する健康及び権利への普遍的アクセスを確保する。

5.a　女性に対し、経済的資源に対する同等の権利、並びに各国法に従い、オーナーシップ及び土地その他の財産、金融サービス、相続財産、天然資源に対するアクセスを与えるための改革に着手する。

5.b　女性の能力強化促進のため、ICT をはじめとする実現技術の活用を強化する。

5.c　ジェンダー平等の促進、並びに全ての女性及び女子のあらゆるレベルでの能力強化のための適正な政策及び拘束力のある法規を導入・強化する。

6: 安全な水とトイレを世界中に

6.1　2030年までに、全ての人々の、安全で安価な飲料水の普遍的かつ平等なアクセスを達成する。

6.2　2030年までに、全ての人々の、適切かつ平等な下水施設・衛生施設へのアクセスを達成し、野外での排泄をなくす。女性及び女子、並びに脆弱な立場にある人々のニーズに特に注意を向ける。

6.3　2030年までに、汚染の減少、投棄廃絶と有害な化学物質や物質の放出の最小化、未処理の排水の割合半減及び再生利用と安全な再利用の世界的規模での大幅な増加させることにより、水質を改善する。

6.4　2030年までに、全セクターにおいて水の利用効率を大幅に改善し、淡水の持続可能な採取及び供給を確保し水不足に対処するとともに、水不足に悩む人々の数を大幅に減少させる。

6.5　2030年までに、国境を越えた適切な協力を含む、あらゆるレベルでの統合水資源管理を実施する。

6.6　2020年までに、山地、森林、湿地、河川、帯水層、湖沼などの水に関連する生態系の保護・回復を行う。

6.a　2030年までに、集水、海水淡水化、水の効率的利用、排水処理、リサイクル・再利用技術など、開発途上国における水と衛生分野での活動や計画を対象とした国際協力と能力構築支援を拡大する。

6.b　水と衛生に関わる分野の管理向上への地域コミュニティの参加を支援・強化する。

7: エネルギーをみんなに　そしてクリーンに

7.1　2030年までに、安価かつ信頼できる現代的エネルギーサービスへの普遍的アクセスを確保する。

7.2　2030年までに、世界のエネルギーミックスにおける再生可能エネルギーの割合を大幅に拡大させる。

7.3　2030年までに、世界全体のエネルギー効率の改善率を倍増させる。

7.a　2030年までに、再生可能エネルギー、エネルギー効率及び先進的かつ環境負荷の低い化石燃料技術などのクリーンエネルギーの研究及び技術へのアクセスを促進するための国際協力を強化し、エネルギー関連インフラとクリーンエネルギー技術への投資を促進する。

7.b　2030年までに、各々の支援プログラムに沿って開発途上国、特に後発開発途上国及び小島嶼開発途上国、内陸開発途上国の全ての人々に現代的で持続可能なエネルギーサービスを供給できるよう、インフラ拡大と技術向上を行う。

8: 働きがいも経済成長も

8.1　各国の状況に応じて、一人当たり経済成長率を持続させる。特に後発開発途上国は少なくとも年率7％の成長率を保つ。

8.2　高付加価値セクターや労働集約型セクターに重点を置くことなどにより、多様化、技術向上及びイノベーションを通じた高いレベルの経済生産性を達成する。

8.3　生産活動や適切な雇用創出、起業、創造性及びイノベーションを支援する開発重視型の政策を促進するとともに、金融サービスへのアクセス改善などを通じて中小零細企業の設立や成長を奨励する。

8.4 2030年までに、世界の消費と生産における資源効率を漸進的に改善させ、先進国主導の下、持続可能な消費と生産に関する10か年計画枠組みに従い、経済成長と環境悪化の分断を図る。

8.5 2030年までに、若者や障害者を含むすべての男性及び女性の、完全かつ生産的な雇用及び働きがいのある人間らしい仕事、ならびに同一価値の労働についての同一賃金を達成する。

8.6 2020年までに、就労、就学及び職業訓練のいずれも行っていない若者の割合を大幅に減らす。

8.7 強制労働を根絶し、現代の奴隷制、人身売買を終らせるための緊急かつ効果的な措置の実施、最悪な形態の児童労働の禁止及び撲滅を確保する。2025年までに児童兵士の募集と使用を含むあらゆる形態の児童労働を撲滅する。

8.8 移住労働者、特に女性の移住労働者や不安定な雇用状態にある労働者など、全ての労働者の権利を保護し、安全・安心な労働環境を促進する。

8.9 2030年までに、雇用創出、地方の文化振興・産品販促につながる持続可能な観光業を促進するための政策を立案し実施する。

8.10 国内の金融機関の能力を強化し、全ての人々の銀行取引、保険及び金融サービスへのアクセスを促進・拡大する。

8.a 後発開発途上国への貿易関連技術支援のための拡大統合フレームワーク（EIF）などを通じた支援を含む、開発途上国、特に後発開発途上国に対する貿易のための援助を拡大する。

8.b 2020年までに、若年雇用のための世界的戦略及び国際労働機関（ILO）の仕事に関する世界協定の実施を展開・運用化する。

9: 産業と技術革新の基盤をつくろう

9.1 全ての人々に安価で公平なアクセスに重点を置いた経済発展と人間の福祉を支援するために、地域・越境インフラを含む質の高い、信頼でき、持続可能かつ強靱（レジリエント）なインフラを開発する。

9.2 包摂的かつ持続可能な産業化を促進し、2030年までに各国の状況に応じて雇用及びGDPに占める産業セクターの割合を大幅に増加させる。後発開発途上国については同割合を倍増させる。

9.3 特に開発途上国における小規模の製造業その他の企業の、安価な資金貸付などの金融サービスやバリューチェーン及び市場への統合へのアクセスを拡大する。

9.4　2030年までに、資源利用効率の向上とクリーン技術及び環境に配慮した技術・産業プロセスの導入拡大を通じたインフラ改良や産業改善により、持続可能性を向上させる。全ての国々は各国の能力に応じた取組を行う。

9.5　2030年までにイノベーションを促進させることや100万人当たりの研究開発従事者数を大幅に増加させ、また官民研究開発の支出を拡大させるなど、開発途上国をはじめとする全ての国々の産業セクターにおける科学研究を促進し、技術能力を向上させる。

9.a　アフリカ諸国、後発開発途上国、内陸開発途上国及び小島嶼開発途上国への金融・テクノロジー・技術の支援強化を通じて、開発途上国における持続可能かつ強靭（レジリエント）なインフラ開発を促進する。

9.b　産業の多様化や商品への付加価値創造などに資する政策環境の確保などを通じて、開発途上国の国内における技術開発、研究及びイノベーションを支援する。

9.c　後発開発途上国において情報通信技術へのアクセスを大幅に向上させ、2020年までに普遍的かつ安価なインターネットアクセスを提供できるよう図る。

10: 人や国の不平等をなくそう

10.1　2030年までに、各国の所得下位40％の所得成長率について、国内平均を上回る数値を漸進的に達成し、持続させる。

10.2　2030年までに、年齢、性別、障害、人種、民族、出自、宗教、あるいは経済的地位その他の状況に関わりなく、全ての人々の能力強化及び社会的、経済的及び政治的な包含を促進する。

10.3　差別的な法律、政策及び慣行の撤廃、並びに適切な関連法規、政策、行動の促進などを通じて、機会均等を確保し、成果の不平等を是正する。

10.4　税制、賃金、社会保障政策をはじめとする政策を導入し、平等の拡大を漸進的に達成する。

10.5　世界金融市場と金融機関に対する規制とモニタリングを改善し、こうした規制の実施を強化する。

10.6　地球規模の国際経済・金融制度の意思決定における開発途上国の参加や発言力を拡大させることにより、より効果的で信用力があり、説明責任のある正当な制度を実現する。

10.7　計画に基づき良く管理された移住政策の実施などを通じて、秩序のとれ

た、安全で規則的かつ責任ある移住や流動性を促進する。

10.a 世界貿易機関（WTO）協定に従い、開発途上国、特に後発開発途上国に対する特別かつ異なる待遇の原則を実施する。

10.b 各国の国家計画やプログラムに従って、後発開発途上国、アフリカ諸国、小島嶼開発途上国及び内陸開発途上国を始めとする、ニーズが最も大きい国々への、政府開発援助（ODA）及び海外直接投資を含む資金の流入を促進する。

10.c 2030年までに、移住労働者による送金コストを3％未満に引き下げ、コストが5％を越える送金経路を撤廃する。

11: 住み続けられるまちづくりを

11.1 2030年までに、全ての人々の、適切、安全かつ安価な住宅及び基本的サービスへのアクセスを確保し、スラムを改善する。

11.2 2030年までに、脆弱な立場にある人々、女性、子供、障害者及び高齢者のニーズに特に配慮し、公共交通機関の拡大などを通じた交通の安全性改善により、全ての人々に、安全かつ安価で容易に利用できる、持続可能な輸送システムへのアクセスを提供する。

11.3 2030年までに、包摂的かつ持続可能な都市化を促進し、全ての国々の参加型、包摂的かつ持続可能な人間居住計画・管理の能力を強化する。

11.4 世界の文化遺産及び自然遺産の保護・保全の努力を強化する。

11.5 2030年までに、貧困層及び脆弱な立場にある人々の保護に焦点をあてながら、水関連災害などの災害による死者や被災者数を大幅に削減し、世界の国内総生産比で直接的経済損失を大幅に減らす。

11.6 2030年までに、大気の質及び一般並びにその他の廃棄物の管理に特別な注意を払うことによるものを含め、都市の一人当たりの環境上の悪影響を軽減する。

11.7 2030年までに、女性、子供、高齢者及び障害者を含め、人々に安全で包摂的かつ利用が容易な緑地や公共スペースへの普遍的アクセスを提供する。

11.a 各国・地域規模の開発計画の強化を通じて、経済、社会、環境面における都市部、都市周辺部及び農村部間の良好なつながりを支援する。

11.b 2020年までに、包含、資源効率、気候変動の緩和と適応、災害に対する強靱さ（レジリエンス）を目指す総合的政策及び計画を導入・実施した都市及び人間居住地の件数を大幅に増加させ、仙台防災枠組2015-2030に沿って、あ

らゆるレベルでの総合的な災害リスク管理の策定と実施を行う。

12: つくる責任つかう責任

12.1　開発途上国の開発状況や能力を勘案しつつ、持続可能な消費と生産に関する10年計画枠組み（10YFP）を実施し、先進国主導の下、全ての国々が対策を講じる。

12.2　2030年までに天然資源の持続可能な管理及び効率的な利用を達成する。

12.3　2030年までに小売・消費レベルにおける世界全体の一人当たりの食料の廃棄を半減させ、収穫後損失などの生産・サプライチェーンにおける食料の損失を減少させる。

12.4　2020年までに、合意された国際的な枠組みに従い、製品ライフサイクルを通じ、環境上適正な化学物質や全ての廃棄物の管理を実現し、人の健康や環境への悪影響を最小化するため、化学物質や廃棄物の大気、水、土壌への放出を大幅に削減する。

12.5　2030年までに、廃棄物の発生防止、削減、再生利用及び再利用により、廃棄物の発生を大幅に削減する。

12.6　特に大企業や多国籍企業などの企業に対し、持続可能な取り組みを導入し、持続可能性に関する情報を定期報告に盛り込むよう奨励する。

12.7　国内の政策や優先事項に従って持続可能な公共調達の慣行を促進する。

12.8　2030年までに、人々があらゆる場所において、持続可能な開発及び自然と調和したライフスタイルに関する情報と意識を持つようにする。

12.a　開発途上国に対し、より持続可能な消費・生産形態の促進のための科学的・技術的能力の強化を支援する。

12.b　雇用創出、地方の文化振興・産品販促につながる持続可能な観光業に対して持続可能な開発がもたらす影響を測定する手法を開発・導入する。

12.c　開発途上国の特別なニーズや状況を十分考慮し、貧困層やコミュニティを保護する形で開発に関する悪影響を最小限に留めつつ、税制改正や、有害な補助金が存在する場合はその環境への影響を考慮してその段階的廃止などを通じ、各国の状況に応じて、市場のひずみを除去することで、浪費的な消費を奨励する、化石燃料に対する非効率な補助金を合理化する。

13: 気候変動に具体的な対策を

13.1　全ての国々において、気候関連災害や自然災害に対する強靱性（レジリエンス）及び適応の能力を強化する。

13.2　気候変動対策を国別の政策、戦略及び計画に盛り込む。

13.3　気候変動の緩和、適応、影響軽減及び早期警戒に関する教育、啓発、人的能力及び制度機能を改善する。

13.a　重要な緩和行動の実施とその実施における透明性確保に関する開発途上国のニーズに対応するため、2020年までにあらゆる供給源から年間1,000億ドルを共同で動員するという、UNFCCCの先進締約国によるコミットメントを実施するとともに、可能な限り速やかに資本を投入して緑の気候基金を本格始動させる。

13.b　後発開発途上国及び小島嶼開発途上国において、女性や青年、地方及び社会的に疎外されたコミュニティに焦点を当てることを含め、気候変動関連の効果的な計画策定と管理のための能力を向上するメカニズムを推進する。

14: 海の豊かさを守ろう

14.1　2025年までに、海洋ごみや富栄養化を含む、特に陸上活動による汚染など、あらゆる種類の海洋汚染を防止し、大幅に削減する。

14.2　2020年までに、海洋及び沿岸の生態系に関する重大な悪影響を回避するため、強靱性（レジリエンス）の強化などによる持続的な管理と保護を行い、健全で生産的な海洋を実現するため、海洋及び沿岸の生態系の回復のための取組を行う。

14.3　あらゆるレベルでの科学的協力の促進などを通じて、海洋酸性化の影響を最小限化し、対処する。

14.4　水産資源を、実現可能な最短期間で少なくとも各資源の生物学的特性によって定められる最大持続生産量のレベルまで回復させるため、2020年までに、漁獲を効果的に規制し、過剰漁業や違法・無報告・無規制（IUU）漁業及び破壊的な漁業慣行を終了し、科学的な管理計画を実施する。

14.5　2020年までに、国内法及び国際法に則り、最大限入手可能な科学情報に基づいて、少なくとも沿岸域及び海域の10パーセントを保全する。

14.6　開発途上国及び後発開発途上国に対する適切かつ効果的な、特別かつ異なる待遇が、世界貿易機関（WTO）漁業補助金交渉の不可分の要素であるべきことを認識した上で、2020年までに、過剰漁獲能力や過剰漁獲につながる漁

業補助金を禁止し、違法・無報告・無規制（IUU）漁業につながる補助金を撤廃し、同様の新たな補助金の導入を抑制する。

14.7　2030年までに、漁業、水産養殖及び観光の持続可能な管理などを通じ、小島嶼開発途上国及び後発開発途上国の海洋資源の持続的な利用による経済的便益を増大させる。

14.a　海洋の健全性の改善と、開発途上国、特に小島嶼開発途上国および後発開発途上国の開発における海洋生物多様性の寄与向上のために、海洋技術の移転に関するユネスコ政府間海洋学委員会の基準・ガイドラインを勘案しつつ、科学的知識の増進、研究能力の向上、及び海洋技術の移転を行う。

14.b　小規模・沿岸零細漁業者に対し、海洋資源及び市場へのアクセスを提供する。

14.c　「我々の求める未来」のパラ158において想起されるとおり、海洋及び海洋資源の保全及び持続可能な利用のための法的枠組みを規定する海洋法に関する国際連合条約（UNCLOS）に反映されている国際法を実施することにより、海洋及び海洋資源の保全及び持続可能な利用を強化する。

15: 陸の豊かさも守ろう

15.1　2020年までに、国際協定の下での義務に則って、森林、湿地、山地及び乾燥地をはじめとする陸域生態系と内陸淡水生態系及びそれらのサービスの保全、回復及び持続可能な利用を確保する。

15.2　2020年までに、あらゆる種類の森林の持続可能な経営の実施を促進し、森林減少を阻止し、劣化した森林を回復し、世界全体で新規植林及び再植林を大幅に増加させる。

15.3　2030年までに、砂漠化に対処し、砂漠化、干ばつ及び洪水の影響を受けた土地などの劣化した土地と土壌を回復し、土地劣化に荷担しない世界の達成に尽力する。

15.4　2030年までに持続可能な開発に不可欠な便益をもたらす山地生態系の能力を強化するため、生物多様性を含む山地生態系の保全を確実に行う。

15.5　自然生息地の劣化を抑制し、生物多様性の損失を阻止し、2020年までに絶滅危惧種を保護し、また絶滅防止するための緊急かつ意味のある対策を講じる。

15.6　国際合意に基づき、遺伝資源の利用から生ずる利益の公正かつ衡平な配分を推進するとともに、遺伝資源への適切なアクセスを推進する。

15.7　保護の対象となっている動植物種の密猟及び違法取引を撲滅するための緊急対策を講じるとともに、違法な野生生物製品の需要と供給の両面に対処する。

15.8　2020年までに、外来種の侵入を防止するとともに、これらの種による陸域・海洋生態系への影響を大幅に減少させるための対策を導入し、さらに優占種の駆除または根絶を行う。

15.9　2020年までに、生態系と生物多様性の価値を、国や地方の計画策定、開発プロセス及び貧困削減のための戦略及び会計に組み込む。

15.a　生物多様性と生態系の保全と持続的な利用のために、あらゆる資金源からの資金の動員及び大幅な増額を行う。

15.b　保全や再植林を含む持続可能な森林経営を推進するため、あらゆるレベルのあらゆる供給源から、持続可能な森林経営のための資金の調達と開発途上国への十分なインセンティブ付与のための相当量の資源を動員する。

15.c　持続的な生計機会を追求するために地域コミュニティの能力向上を図る等、保護種の密猟及び違法な取引に対処するための努力に対する世界的な支援を強化する。

16: 平和と公正をすべての人に

16.1　あらゆる場所において、全ての形態の暴力及び暴力に関連する死亡率を大幅に減少させる。

16.2　子供に対する虐待、搾取、取引及びあらゆる形態の暴力及び拷問を撲滅する。

16.3　国家及び国際的なレベルでの法の支配を促進し、全ての人々に司法への平等なアクセスを提供する。

16.4　2030年までに、違法な資金及び武器の取引を大幅に減少させ、奪われた財産の回復及び返還を強化し、あらゆる形態の組織犯罪を根絶する。

16.5　あらゆる形態の汚職や贈賄を大幅に減少させる。

16.6　あらゆるレベルにおいて、有効で説明責任のある透明性の高い公共機関を発展させる。

16.7　あらゆるレベルにおいて、対応的、包摂的、参加型及び代表的な意思決定を確保する。

16.8　グローバル・ガバナンス機関への開発途上国の参加を拡大・強化する。

16.9　2030年までに、全ての人々に出生登録を含む法的な身分証明を提供す

る。

16.10　国内法規及び国際協定に従い、情報への公共アクセスを確保し、基本的自由を保障する。

16.a　特に開発途上国において、暴力の防止とテロリズム・犯罪の撲滅に関するあらゆるレベルでの能力構築のため、国際協力などを通じて関連国家機関を強化する。

16.b　持続可能な開発のための非差別的な法規及び政策を推進し、実施する。

17: パートナーシップで目標を達成しよう

17.1　課税及び徴税能力の向上のため、開発途上国への国際的な支援なども通じて、国内資源の動員を強化する。

17.2　先進国は、開発途上国に対する ODA を GNI 比0.7%に、後発開発途上国に対する ODA を GNI 比0.15〜0.20%にするという目標を達成するとの多くの国によるコミットメントを含む ODA に係るコミットメントを完全に実施する。ODA 供与国が、少なくとも GNI 比0.20%の ODA を後発開発途上国に供与するという目標の設定を検討することを奨励する。

17.3　複数の財源から、開発途上国のための追加的資金源を動員する。

17.4　必要に応じた負債による資金調達、債務救済及び債務再編の促進を目的とした協調的な政策により、開発途上国の長期的な債務の持続可能性の実現を支援し、重債務貧困国（HIPC）の対外債務への対応により債務リスクを軽減する。

17.5　後発開発途上国のための投資促進枠組みを導入及び実施する。

17.6　科学技術イノベーション（STI）及びこれらへのアクセスに関する南北協力、南南協力及び地域的・国際的な三角協力を向上させる。また、国連レベルをはじめとする既存のメカニズム間の調整改善や、全世界的な技術促進メカニズムなどを通じて、相互に合意した条件において知識共有を進める。

17.7　開発途上国に対し、譲許的・特恵的条件などの相互に合意した有利な条件の下で、環境に配慮した技術の開発、移転、普及及び拡散を促進する。

17.8　2017年までに、後発開発途上国のための技術バンク及び科学技術イノベーション能力構築メカニズムを完全運用させ、情報通信技術（ICT）をはじめとする実現技術の利用を強化する。

17.9　全ての持続可能な開発目標を実施するための国家計画を支援するべく、南北協力、南南協力及び三角協力などを通じて、開発途上国における効果的か

つ的をしぼった能力構築の実施に対する国際的な支援を強化する。

17.10　ドーハ・ラウンド（DDA）交渉の結果を含めた WTO の下での普遍的でルールに基づいた、差別的でない、公平な多角的貿易体制を促進する。

17.11　開発途上国による輸出を大幅に増加させ、特に2020年までに世界の輸出に占める後発開発途上国のシェアを倍増させる。

17.12　後発開発途上国からの輸入に対する特恵的な原産地規則が透明で簡略的かつ市場アクセスの円滑化に寄与するものとなるようにすることを含む世界貿易機関（WTO）の決定に矛盾しない形で、全ての後発開発途上国に対し、永続的な無税・無枠の市場アクセスを適時実施する。

17.13　政策協調や政策の首尾一貫性などを通じて、世界的なマクロ経済の安定を促進する。

17.14　持続可能な開発のための政策の一貫性を強化する。

17.15　貧困撲滅と持続可能な開発のための政策の確立・実施にあたっては、各国の政策空間及びリーダーシップを尊重する。

17.16　全ての国々、特に開発途上国での持続可能な開発目標の達成を支援すべく、知識、専門的知見、技術及び資金源を動員、共有するマルチステークホルダー・パートナーシップによって補完しつつ、持続可能な開発のためのグローバル・パートナーシップを強化する。

17.17　さまざまなパートナーシップの経験や資源戦略を基にした、効果的な公的、官民、市民社会のパートナーシップを奨励・推進する。

17.18　2020年までに、後発開発途上国及び小島嶼開発途上国を含む開発途上国に対する能力構築支援を強化し、所得、性別、年齢、人種、民族、居住資格、障害、地理的位置及びその他各国事情に関連する特性別の質が高く、タイムリーかつ信頼性のある非集計型データの入手可能性を向上させる。

17.19　2030年までに、持続可能な開発の進捗状況を測る GDP 以外の尺度を開発する既存の取組を更に前進させ、開発途上国における統計に関する能力構築を支援する。

《巻末資料２》SDGs 関連リンク集

リンク先名・発行年・URL 等	QR コード
国際連合広報センター「SDGs—よくある質問」（2016年1月1日） https://www.unic.or.jp/news_press/features_background ers/17471/	
国際連合広報センター「SDGs（エス・ディー・ジーズ）とは？ 17の目標ごとの説明、事実と数字」（2019年1月21日） https://www.unic.or.jp/news_press/features_background ers/31737/	
国際連合広報センター「持続可能な社会のために　ナマケモノ にもできるアクション・ガイド（改訂版）」（2019年1月16日） https://www.unic.or.jp/news_press/features_backgrounders/ 24082/	
SDGs 推進本部「SDGs アクションプラン2023」（令和5年3月） https://www.kantei.go.jp/jp/singi/sdgs/dai13/sdgs_action- plan2023.pdf	
SDGs 推進本部「SDGs 実施指針改定版」（令和元年12月20日） https://www.kantei.go.jp/jp/singi/sdgs/pdf/jisshi_shishin_ r011220.pdf	
外務省「我々の世界を変革する：持続可能な開発のための2030 アジェンダ（仮訳）」 https://www.mofa.go.jp/mofaj/files/000101402.pdf	
外務省「気候変動に関する国際枠組み」（令和4年2月8日） https://www.mofa.go.jp/mofaj/ic/ch/page22_003283.html	
外務省「ジャパン SDGs アワード」 https://www.mofa.go.jp/mofaj/gaiko/oda/sdgs/award/index. html	

環境省「すべての企業が持続的に発展するために―持続可能な開発目標（SDGs）活用ガイド―［第2版］」（令和2年3月） https://www.env.go.jp/content/900498955.pdf	
環境省「ESG地域金融実践ガイド2.1―ESG要素を考慮した事業性評価に基づく融資・本業支援のすすめ―」（2022年3月） https://www.env.go.jp/content/900518786.pdf	
環境省「グリーンボンド及びサステナビリティ・リンク・ボンドガイドライン　グリーンローン及びサステナビリティ・リンク・ローンガイドライン2022年版」（2022年7月） https://www.env.go.jp/content/000062495.pdf	
環境省「環境省ローカルSDGs地域循環共生圏」 http://chiikijunkan.env.go.jp/	
GRI、国連グローバル・コンパクト、WBCSD「SDG Compass SDGsの企業行動指針―SDGsを企業はどう活用するか―」（2016年3月） https://sdgcompass.org/wp-content/uploads/2016/04/SDG_Compass_Japanese.pdf	
一般社団法人全国銀行協会「全銀協SDGsレポート2023‐2024（暫定版）」 https://www.zenginkyo.or.jp/fileadmin/res/news/news360335_2.pdf	
一般社団法人日本経済団体連合会「企業行動憲章　実行の手引き（第9版）」（2022年12月13日） https://www.keidanren.or.jp/policy/cgcb/tebiki9.html	
TCFDコンソーシアム https://tcfd-consortium.jp/	

※記事の削除等に伴うリンク切れが生じることがあります。あらかじめご了承ください。

2024年度版
SDGs・ESGベーシック試験問題集

2024年 6 月 6 日　　第 1 刷発行

編　者　一般社団法人　金融財政事情研究会
　　　　　　　　　　　　　検定センター
発行者　　　　　　　　　加藤　一浩

〒160-8519　東京都新宿区南元町19
発 行 所　一般社団法人　金融財政事情研究会
販 売 受 付　TEL 03(3358)2891　FAX 03(3358)0037
URL https://www.kinzai.jp

**本書の内容に関するお問合せは、書籍名およびご連絡先を明記のう
え、FAXでお願いいたします。　　お問合せ先　FAX 03(3359)3343**
本書に訂正等がある場合には、下記ウェブサイトに掲載いたします。
https://www.kinzai.jp/seigo/

ISBN978-4-322-14537-3